PREFACIO POR AKASH KARIA,
AUTOR BEST-SELLER DE "TED TALKS STORYTELLING"

SECRETOS
DE LA NARRATIVA
para DISCURSOS
EXITOSOS

7 estrategias para
narrar historias
que las personas
amarán

Mark Davis

PREFACIO POR AKASH KARIA,
AUTOR BEST-SELLER DE "TED TALKS STORYTELLING"

SECRETOS

DE LA NARRATIVA
para DISCURSOS EXITOSOS

7 estrategias para
narrar historias
que las personas
amarán

Mark Davis

También por Mark Davis:

La Magia de Hablar en Público
Cómo Finalizar Nuestra Presentación con Confianza
Emociona, Engancha, Entretén

Tabla de Contenidos

Prólogo

¿Cuál es el secreto para entregar presentaciones poderosas y persuasivas? Las historias.

Historias bien preparadas y presentadas nos ayudan a entregar nuestro mensaje sin sonar como que estamos sermoneando. Las historias son el "Caballo de Troya" que vende nuestro mensaje e ideas, mientras las envolvemos en la forma del entretenimiento.

Cuando la audiencia siente que estamos compartiendo con ellos en lugar de darles un sermón, se les facilita aceptar nuestro mensaje.

El mejor secreto que he aprendido como entrenador es ayudar a que las personas se vean a sí mismos en las historias de otros. Que vean sus altas y bajas. Y que vean el potencial que tienen para un cambio y una transformación.

Sus hábitos, su actitud, e incluso sus pensamientos son fáciles de influenciar con una buena historia. Reciben la lección y sienten que se enseñaron a sí mismos.

Había estado buscando ideas frescas sobre contar historias... ¡y este libro me las ha entregado!

Ahora tengo un nuevo recurso para ayudarme a crear historias para mis presentaciones y sesiones de entrenamiento.

Aterriza en cualquier sección de este libro para obtener inspiración sobre crear historias, o convierte tus historias existentes en algo asombroso.

De ahora en adelante, serás un Maestro Narrador, y hablar en público será fácil.

¡A tu historia!

Akash Karia

Estratega de narración y autor best-seller de *How to Deliver a Great TED Talk*.
AkashAkaria.com

Secretos de la Narrativa

Los secretos de la narrativa son maneras estratégicas de crear historias que podemos contar para obtener un máximo impacto.

Este libro no cubrirá por completo el tema de hablar en público; se enfocará en apoyarte a mejorar al crear y contar historias.

Los siete secretos son:

* Historias secretas – "Curiosidad e irresistibles"
* Historias divertidas – "Relatando con humor y haciéndolo memorable"
* Historias del pasado y del presente – "Cuando era joven"
* Historias de otras personas – "Historias personales y las historias de otros"
* Historias emocionales – "Creando una respuesta emocional"
* Historias de antes y después – "Transformación"
* Historias de venta – "Testimoniales, referidos, reseñas, y el poder de terceros"

Recibe la notificación cuando el próximo libro sobre hablar en público sea lanzado al suscribirte en el sitio: http//www.MasterTheArtOfPublicSpeaking.com

Encuentra el calendario de eventos en vivo, incluyendo seminarios, talleres, webinars y programas de entrenamiento en http://www.AkashKaria.com

Si te gustaría un seminario sobre cómo hablar en público en tu ciudad, o para tu grupo, contacta al Coach Mark Davis directamente en:

Mark@MasterTheArtOfPublicSpeaking.com

Secreto #1

Historias Secretas

"¿Te puedo contar un secreto?"

¿Quién se puede resistir?

Cualquier historia que comience con esta línea de apertura capturará la atención de la audiencia.

Eso es lo que queremos.

Algunos ejemplos

"¿Te puedo contar un secreto? El las últimas semanas he estado pensando sobre dejar de fumar. Perdí otro familiar por causa del cáncer de pulmón, no tengo más pretextos. ¿Podrías ayudarme a dejarlo?"

"¿Te puedo contar un secreto? Pienso que el mundo es peligroso. Cuando era niño, solía pedalear mi bicicleta por todos lados hasta las ocho de la noche. Tomaba el autobús por mi cuenta y no lo pensaba dos veces. Hoy, no estamos seguros ni en nuestras propias casas. Es por eso que tengo un sistema de seguridad."

"¿Te puedo contar un secreto? Cuando era un adolescente, tenía un problema con mi peso. No podía ganar peso. No importaba lo que hacía, era un costal de huesos. Finalmente, obtuve el apoyo nutricional y psicológico que necesitaba para comer adecuadamente y mantenerme en mi peso correcto, por eso ahora luzco saludable y tengo más energía."

Los secretos son perfectos
para comenzar las historias

- Las personas encuentran irresistibles a los secretos
- Las personas se acercarán para escuchar un secreto
- A las personas les gusta el privilegio de saber sobre un secreto
- Las personas dejarán todo lo que estén haciendo para escuchar un secreto
- Los secretos portan un valor especial, más alto que las noticias y acontecimientos actuales
- A las personas les encantan los chismes

Sí, los secretos son jugosos y deliciosos.

Compartiendo una historia
"secreta" sobre alguien más

"Déjame contarte un secreto. Aprendí esto de un tío, que es dueño de una tienda de música. Dijo, que si queremos salir adelante, debemos de trabajar múltiples empleos mientras estamos jóvenes y tenemos mucha energía, antes de que tengamos una familia y otras responsabilidades. Él solía trabajar ocho horas por día, y luego trabajaba tres horas afinando pianos. Haciendo esto, logró crear un negocio multimillonario."

"Déjame contarte un secreto. Mandy no siempre ha sido así de delgada. Hace mucho tiempo, ¡ella pesaba casi 100kg! ¿Sabes cómo perdió todo ese peso?"

"Déjame contarte un secreto. Ese hombre de ahí, Tim, es un multimillonario. ¿Sabes qué hizo? Se convirtió en uno de los choferes que compartía viajes las primeras semanas que la compañía se lanzó, y como pionero, creció una grandiosa reputación por su servicio y calidad. Le pedían que hablara de ello, que fuera el rostro de la compañía. Ahora, viaja por el mundo como conferencista de motivación, hablando sobre compartir viajes."

"Déjame contarte un secreto. Yo no solía ser así de popular. Tomé clases de confianza y entrenamientos sobre hablar en público. Leí muchos libros y aprendí cómo hablar con personas, descubriendo diferentes estilos de personalidad, para convertirme en un experto en comunicación en dos años. Ahora, entreno personas alrededor del mundo."

Permiso

Dar y obtener permiso para escuchar un secreto tranquiliza a las personas, para que no se sienta extraño enterarse sobre algo secreto. Escucharán con más atención, por que el secreto incluye una sorpresa.

Pedir permiso es una manera amable de hacer que la audiencia esté de acuerdo en enterarse de un secreto.

"¿Te puedo contar un secreto?"

"¿Está bien si te cuento un secreto?"

"¿Estaría bien si comparto este secreto de éxito contigo?"

"Cuando escuché este secreto para perder peso, sabía que te gustaría escucharlo. ¿Me permites contarte?"

"Cuando escuché sobre este ingrediente secreto para el cuidado del cutis, tenía de que contarte. ¿Puedes adivinar cuál es?"

Pienso que nadie rechazaría escuchar sobre algún secreto, ya que es parte de la naturaleza humana querer saberlo. La curiosidad mató al gato, por que no se pudo resistir.

Escuchar un secreto es como recibir un regalo inesperado, un bono gratuito cuando compramos algo por el precio total, y la sorpresa nos hace sentir bien.

6

El elemento de sorpresa

Un secreto debería de tomar a las personas por sorpresa e incluso puede dejarlos sin aliento. Debería ser algo casi escandaloso, con controversia, revelaciones, y drama. Este melodrama alrededor de la "revelación" es teatro puro.

Puntos para evitar al narrar nuestras historias secretas

- Datos simples –las personas pueden averiguarlos por su cuenta, así que debe haber más trasfondo.
- La historia de alguien más –debe de ser original.
- Ser demasiado extenso –los secretos cortos son más dramáticos; hay más valor de impacto en una historia narrada en corto tiempo.
- Desconocidos –consideramos a las celebridades como personas conocidas.

Cuando logramos que las personas dejen lo que están haciendo, para poner atención a nuestra historia, debe valer la pena.

Los secretos le dan a las personas algo nuevo.

Los secretos nos permiten entrar al mundo privado de los famosos.

Los secretos son frases pegajosas perfectas que podemos compartir con otros.

Todo por que proveen un impacto, una sorpresa, cambian nuestro día, y nos dan algo sobre lo que hablar.

Una vez que alguien conoce un secreto, quieren ser los primeros en decírselo a alguien mientras está fresco.

Cuando un conferencista comparte una historia "secreta," nos sentamos entre la audiencia y asumimos que nunca se lo han dicho a nadie antes; por lo tanto, debe ser especial, por que es nuevo y la historia será fascinante por que será escandalosa o controversial.

¿Qué otras maneras tenemos para abrir estas historias?

- "Nunca había compartido esto antes…"
- "Nunca había compartido esto con un grupo tan grande…"
- "Nunca he compartido esto fuera de mi compañía…"
- "Nunca me he sentido cómodo compartiendo esto…"
- "Nunca había contado esta historia fuera de Australia…"

Más sobre los secretos

Los secretos son herramientas poderosas cuando se trata de una persona exitosa, o una celebridad, o alguien bajo el ojo público. Y entre más detalles compartimos, más exclusiva se siente la historia secreta, y las personas que nos escuchen se sentirán afortunados, hasta partícipes.

Los infomerciales en televisión prosperan al narrar historias para crear ventas. Es por ello que utilizan celebridades, cantantes, estrellas de cine y actores.

En la película, *Joy*, interpretada por Jennifer Lawrence, observamos este principio en marcha. Sus historias personales sobre crear el trapeador que se auto-exprime crearon una revolución en las compras por TV. Sólo unos pocos años después, tenía un negocio billonario en *QVC* y posteriormente en *Home Shopping Network*.

Con el secreto del trapeador auto-exprimible, ella revolucionó no sólo la limpieza, sino cómo las personas venden productos en TV.

¿Cuáles son algunas maneras en las que podemos compartir sólo un secreto?

- "Este secreto de pérdida de peso es sólo para quienes vinieron aquí hoy."
- "Este secreto del módem revolucionará cómo usas el internet."
- "Este secreto de iluminación cambiará la manera en la que haces videos."
- "Este secreto de productividad te ahorrará dos horas por día."
- "Este algoritmo secreto te ayudará a localizar las mejores acciones para invertir."
- "Este secreto automotriz te dará la clave para saber qué coche comprar."
- "Este secreto de ingeniería te revelará por qué China se está comiendo al mundo."
- "Este secreto de viajero frecuente derribará todo mito que escuchaste sobre viajar a Asia."
- "Esta feromona secreta te dará el toque mágico con las mujeres."
- "Este secreto de postura te ayudará a ganar más confianza frente a un hombre."
- "Este ingrediente secreto para las arrugas te dejará una piel más joven en sólo dos minutos al día."
- "Este secreto de contacto visual te ayudará a entregar presentaciones más poderosas."
- "Este secreto sobre aminoácidos hará que tus niveles de energía se disparen."

Ahora, agreguemos un objeto a nuestras palabras mágicas para ver cómo hacen más interesante a nuestra historia:

- "Este ingrediente secreto..."
- "Este truco secreto de Facebook..."

9

- "Este consejo secreto de fotografía…"
- "Este sistema secreto…"
- "Esta conexión secreta…"
- "Este componente secreto…"
- "Esta receta secreta de lasaña…"
- "Este secreto sobre afeitar…"
- "Esta estrategia secreta de inversión…"
- "Este antioxidante secreto…"
- "Esta píldora secreta…"
- "Esta rutina secreta para el cutis…"
- "Este ingrediente secreto para mascarilla…"
- "Este ejercicio secreto para quemar grasa…"
- "Esta poderosa frase secreta…"
- "Esta secuencia secreta de palabras…"

Los secretos son atractivos de escuchar.

¿Cuáles son otras buenas maneras de comenzar una historia?

Magia.

La maga es mística y maravillosa. Mientras que las personas pueden no creer totalmente en trucos de magia, ilusiones y trucos de mano, quieren creer que la fantasía es posible. Y cuando ocurre, es como magia, así que todos nos hacemos como niños en la presencia de la magia y las cosas de magia.

Es por esto que "magia" es una genial palabra para usar en la apertura de nuestra historia.

- "Te compartiré el mágico secreto de las Sales del Mar Muerto."
- "Voy a compartir contigo las tres palabras mágicas que

10

harán que cualquier mujer se enamore de ti."

- "Te compartiré el mágico mundo secreto del entrenador de celebridades, Sr. X."
- "Te compartiré los secretos mágicos para el cutis de esta famosa estrella de cine."
- "Quiero contarte sobre el ingrediente mágico en esta botella de super vitaminas."
- "Quiero compartir contigo los números mágicos que han abierto la puerta de mi éxito en las inversiones."
- "Quiero darte la frase mágica secreta que usan los vendedores profesionales para conseguir ventas más altas."
- "Quiero darte la técnica secreta para entrevistas mágicas que usan los empresarios exitosos para atraer buen personal."
- "Tengo que darte este secreto: es magia, y cambiará tu vida."
- "No puedo creer que este mágico secreto haya permanecido oculto por tanto tiempo. Aquí, ahora, está la clave para la eterna juventud."
- "No puedo creer que este secreto mágico haya estado oculto justo frente a nuestras narices: la clave para la energía duradera."

Si usamos la palabra "mágica," podemos observar los ojos de la audiencia iluminarse por el elemento sorpresa. La sorpresa nos hace sentir bien. Y esa es otra palabra clave que podemos usar.

Sorpresa

"Tengo una sorpresa para ti el día de hoy."

Toda audiencia ama las sorpresas, especialmente cuando tienen confianza en el presentador, o el vendedor, o el conferencista, o el ejecutivo sobre el escenario.

11

La sorpresa se conecta a nuestra infancia por que la mayoría de las sorpresas eran positivas, con eventos como Navidad y cumpleaños, visitas de nuestras amistades y familiares, abuelas de visita sin avisar, parientes que viajan desde el extranjero.

Arena del Sahara.

Bufandas de seda de Tailandia.

Salmón ahumado de Alaska.

Todos estos obsequios son inesperados –sorpresas. Y tienen un efecto positivo en nuestros sentimientos y emociones.

Así que usemos la "sorpresa" en una serie de aperturas para historias.

- "Tengo una sorpresa para ti hoy: no una, sino dos historias grandiosas de éxito con este producto."

- "Tengo una sorpresa para ti hoy: no uno, sino cinco presentadores invitados que compartirán su historia sobre cómo lograron el éxito."

- "Tengo una sorpresa para ti hoy: el agente más exitoso en la compañía está aquí para contar su historia. A partir de este día, te será más fácil ganar dinero."

- "Tengo una sorpresa para ti hoy y está pegada al asiento de alguien. Por favor busca debajo de tu silla y si la encuentras, has ganado unas vacaciones de 5 noches en las Bahamas."

- "Tengo una sorpresa para ti esta noche: tu boleto ha sido ingresado en un sorteo de la suerte y alguien recibirá un obsequio de $99 para el cuidado del cutis sólo por asistir."

- "Tengo una sorpresa para ti esta noche: la historia que estoy por contar se remonta a más de cuatro mil años, y ha pasado de generación en generación, de padre a hijo. Y ahora, la compartiré contigo."

- "Tengo una sorpresa para ti esta noche: la historia que estoy por compartir es increíble, y serán las primeras personas de todo el país en escucharla."
- "Tengo una sorpresa para ti esta noche: las personas en la primera fila se convertirán en actores de la historia que estoy a punto de narrar."
- "Tengo una sorpresa para ti esta noche: la historia que acabo de contar fue verídica, y es mi historia."

Tal como con la magia, a las personas les fascinan las sorpresas. Cuando algo inesperado nos sorprende, sentimos una emoción, y esta emoción positiva libera serotonina, lo que nos hace sentir felicidad y relajación.

Después de que la excitación se ha ido, tendremos una audiencia lista para escuchar, así que debemos hacer que las historias en nuestras sorpresas cuenten.

Anuncios

Las historias también pueden usar el método del anuncio, el cual le dice a la audiencia que estamos por compartir algo interesante o importante.

- "Damas y caballeros, tengo un anuncio que hacer: esta historia es súper secreta, y quiero que presten atención por que sólo puedo compartirla una vez."
- "Damas y caballeros, tengo un anuncio que hacer: el secreto que han estado esperando está sobre la mesa debajo de esta sábana. Estoy a punto de revelarlo, pero primero, déjame compartir un poco sobre ello."
- "Damas y caballeros, tengo un anuncio que hacer: la historia que están a punto de escuchar involucra fantasmas, extraterrestres, conspiraciones, y más. Así que abrochen sus cinturones, será un paseo salvaje."

- "Damas y caballeros, tengo un anuncio que hacer: la historia de esta noche comienza en un pueblo tal como este, en un salón tal como este, con personas que lucían tal como ustedes. Comencemos…"

Secretos de Narrativa para Discursos Exitosos

Cuando era joven, tuve dos trabajos durante los veranos para pagar por mis estudios universitarios. Por las noches, tocaba el piano en el hotel local, y durante el día, trabajaba en una granja, moviendo cientos de pacas de heno.

¿Por qué hice esto? Por que quería comprar un piano eléctrico. Quería viajar. Y quería ser independiente.

Cada historia requiere tener un propósito que la haga relevante y con el cual las personas se relacionen. Si desbloqueamos algunas maneras estratégicas para comenzar una historia, entonces tendremos un cofre del tesoro con material del que podemos hablar.

La mayoría de las personas tienen la capacidad de atención de un pez dorado. Si somos aburridos por más de 7 segundos, perderemos a nuestra audiencia en sus teléfonos, en su imaginación, o en la persona que tienen al lado.

Es por esto que abrimos con el secreto de narrativa #1: "¿Te puedo contar un secreto?" Con un primer capítulo interesante como este, el lector es atraído al libro.

Cuando observamos que nuestra audiencia no está prestando atención, ¿qué es lo que hacemos?

¿Mencionar algunas estadísticas impactantes?
¿Tratar de ser gracioso?
¿Hablar más fuerte?

Relájate. El secreto es contar una historia usando uno de los siete métodos descritos aquí. Sólo narrar una historia nos garantiza que engancharemos la atención de la audiencia, y estarán atentos a lo que tenemos que decir.

La meta, sin embargo, es ser más que sólo interesante. Es ser lo más interesante y relevante para nuestra audiencia, y las historias conectan con el programa en nuestra mente que dice "presta atención."

Podemos relacionar historias con nuestros puntos claves.

Podemos narrar historias que enseñan una lección.

Podemos crear historias para dar contexto y significado a nuestro mensaje.

Podemos contar buenas historias una y otra vez; seguirán relevantes e interesantes.

Ayuda tener un enfoque sistemático, una estrategia para narrar historias, y saber cómo. Instruir personas a "sólo contar historias" sería como decirle a un comediante que "sólo sea gracioso."

Relevancia

Ten una historia que se ligue a tu mensaje.

Si queremos hacer un punto sobre el liderazgo, entonces requerimos de una historia que demuestre esa personalidad o trato en acción.

¿Quieres hacer un punto sobre la persistencia? Haz la referencia a un gran logro en la historia que tomó mucho en completarse –asedios, batallas, descubrimientos.

¿Quizá queremos que la audiencia sienta una emoción? Entonces requerimos sumergirlos en una historia personal.

Cada historia debe de comenzar y continuar con un tema o un estilo.

Si aprendemos a narrar diferentes historias, entonces

podremos elegir el estilo apropiado para nuestra charla. Si practicamos narrando estas historias durante nuestro tiempo de preparación, entonces podremos narrarlas fácilmente de nuevo durante nuestro discurso sin revisar nuestras notas.

Podemos tener una caja de herramientas completa, llena de interesantes historias a nuestra disposición.

¿Quieres un ejemplo?

"El primer concierto al que asistí fue de U2, *Rattle and Hum* en 1989, con BB King y su banda como acto de apertura. Fue una experiencia en vivo genial, de música que hasta ese momento sólo había escuchado en CD.

Adicionalmente, fue una experiencia única, conmovedora y de conexión, y cuando escucho esa música hoy en día, recuerdo ese evento en vivo como de lo mejor en mi juventud. La música, la energía, la emoción –fue inolvidable.

Ahora, cuando es posible, hago lo que puedo para ver a todos los que me gustan "en vivo." Esas actuaciones traen las grabaciones del estudio a la vida y las hacen más valiosas."

Una historia, con un punto de relevancia.

El Narrador de Historias

Durante miles de años, el narrador era la persona clave en la tribu. Toda la historia de la tribu, el grupo, y la raza, eran pasadas a través de ellos, de generación en generación, así que una memorización meticulosa era necesaria. Cuando narramos una historia que representa lo colectivo, debe de ser precisa.

La emoción de la historia debe de sentirse real, inclusive si es una batalla de hace más de mil años. Los elementos claves deben de ser ambos, creíbles y precisos, para que otros continúen compartiendo las historias y aprendiendo las lecciones que proveen.

A través de la repetición, una buena historia se hace mejor, y a través de narrarla de nuevo, un narrador agrega pequeños detalles, haciéndola relevante. Hablan el lenguaje de la generación actual mientras se mantienen fieles al espíritu de la historia y sus datos claves. Esto le ayuda a todos a recordar. A cambio, entrenan a un nuevo narrador. Y el ciclo continúa.

La historia permanece igual, a pesar de que no todos son geniales al recordar y relatar una historia.

¿Alguna vez has jugado el juego del "Teléfono Descompuesto"?

Un grupo de personas en un círculo cuenta una historia, uno por uno. La primera persona tiene la historia en un pedazo de papel y tiene un minuto para memorizarla, luego, la pasa susurrando al oído a la siguiente persona a su lado. Ella en su lugar, hace lo mismo, hasta que diez, veinte, o más personas han re-narrado la historia.

La historia al final es diferente a la original. Bastante diferente.

Sin un narrador profesional, la historia se hace confusa. El rol del narrador de historias es vital en mantener un relato histórico fiel a los hechos originales y propósito. El orgullo de un pueblo, las batallas ganadas y perdidas, nombres de familiares, matrimonios, nacimientos y muertes –son vitales de recordar y narrar correctamente.

Puedes ser un narrador de historias hoy.

El narrador moderno tiene el beneficio de escribir su charla. De revisarla. De almacenarla y recuperarla después. Y de hacerla disponible a otras personas a través de la palabra hablada, el video y la palabra escrita.

Sabios narradores aún son consultados por líderes, reyes, y cabezas de negocios para aconsejar en el presente, basados en los resultados del pasado.

¿Cuántos entrenadores de negocio hemos escuchado que se refieren al *Arte de la Guerra*? ¿Y para la administración del tiempo a los libros de "7 Hábitos" de Steven Covey?

Las historias en esos libros con contadas y contadas una y otra vez.

Las historias que narremos serán más recordadas cuando las demos en un discurso, una presentación de ventas, o un entrenamiento.

La vida es nuestras historias.

Nuestra presentación es sólo otra historia de la que las personas hablarán mañana. Y puesto que la mejor parte de nuestra presentación serán las historias, éstas serán las partes que le repetirán a los demás.

¿Y qué hay de los datos? Ellos contarán los datos a través de historias.

¿Qué hay de nuestra asombrosa oferta y precios especiales? Ellos contarán los beneficios a través de un testimonio o una historia que escucharon personalmente.

Las historias son importantes, así que ahí debería de ser donde enfocamos más de nuestro tiempo al hablar, y si vamos a narrar muchas historias, hacerlas interesantes es integral. Hacemos esto a través de preparación estratégica.

Por ejemplo:

–¿Qué hiciste durante el fin de semana?–

–Fui a dar una caminata.–

–Oh, está bien, genial.–

Contra:

–¿Qué hiciste durante el fin de semana?–

–Di una caminata en los Apalaches, siguiendo una antigua vereda de 3,000 años y vi fósiles, antiguo arte nativo, y el cielo más azul que he visto en mi vida.–

–Vaya, ¡eso suena genial! ¿Cómo te enteraste de este lugar?–

¿Cuál historia te motiva a querer escuchar más? La historia completa, más interesante.

O qué tal esto:

–¿Has viajado mucho?–

–No.–

Silencio.

Contra:

–¿Has viajado mucho?–

–Bueno, para mí, no lo veo como "mucho" por que difícilmente he rascado la superficie de la cantidad de lugares que quiero visitar. Pero mi destino favorito este año fue Almaty en Kazajistán. ¿Sabías que más de trescientos mil coreanos migraron ahí después de la guerra de Corea, y que dos generaciones más tarde, lo que era la cultura rusa está muy influenciada por Corea?–

–No, ¡eso suena asombroso! Vaya, cuéntame más.–

Una historia corta, con algunos datos a información interesante. Entregada de la manera correcta, esto podría ser el inicio de una serie de historias.

Los buenos comienzos en las historias hacen que la audiencia quiera escuchar más.

Veamos una presentación típica.

Podemos tomar una aproximación lógica para analizar la charla:

- Tiene una introducción.
- Tiene una mitad.
- Tiene una conclusión.

Pero esto es simplista y olvida la razón por la que las personas están prestando atención: por el valor del entretenimiento.

Las tres partes serían mejor preparadas como:

- La historia de introducción.
- Las historias de la mitad.
- La historia de conclusión.

Debido a que:

Los hechos y los datos son aburridos; las historias de la vida real le dan significado a los datos.

La larga lista de las características de un producto son aburridas; ver personas usando el producto y hablando sobre él son más creíbles e interesantes.

Dar una discurso es aburrido e intimidante; compartir historias es fácil.

Nada provee más valor de entretenimiento que las historias.

¿Quieres algunos ejemplos?

"Este teléfono tiene 64 gigabites de memoria y baterías de litio. Puedes guardar muchos datos. También podrás descargar muchas aplicaciones. Tendrá carga cuando lo necesites."

Contra:

"Fui a este festival, grabé tres horas de video en HD, tomé 500 *selfies* –¡y este teléfono todavía tiene la misma carga que hace dos días!"

"Esta bebida tiene 17 vitaminas, minerales, guaraná y aminoácidos para la salud y el bienestar."

Contra:

"Red Bull te da alas."

Cada presentación se convierte en una historia que puede ser narrada de nuevo –testimoniales, referencias, opiniones de clientes.

Piensa en el concepto de una presentación, una charla, un entrenamiento, luego piensa sobre qué tan difícil es, qué tanto debe de enseñar. ¿Cuáles son los puntos claves que deberán ser expresados? ¿Qué emoción, lenguaje corporal, y volumen deberíamos de considerar?

Todos esos puntos clave son importantes, pero son fáciles de adaptar cuando narramos historias.

Narradores Profesionales.

Si pensamos en hablar en público de esta manera, el miedo debería de irse, debido a que contamos historias todos los días. Una y otra vez, las contamos con nuestras amistades, familiares, colegas. Las narramos a desconocidos en los aviones. Le contamos a nuestros médicos, nuestros dentistas, nuestros estilistas.

¿Cuál es una de las maneras más simples de contar una historia? Después de que algo "sucede." Un accidente, una lesión, una enfermedad, o algo fuera de lo ordinario. Lo inusual, lo entretenido, lo retador, lo inesperado.

¿Y dónde contamos estas historias? Cuando alguien pregunta: "¿Qué te sucedió?"

Si yo te preguntara, "¿Qué te sucedió justo antes de comenzar a leer este libro hoy?" Podrías narrar una historia.

Si te preguntaran, "¿Qué sucedió durante el desayuno esta mañana?" Tendrías una historia.

La vida cotidiana puede lucir aburrida hasta que le aplicamos un significado.

Así es como hacemos que las historias sean interesantes.

"Crecí en una familia felíz. Mis padres eran amorosos y cariñosos, y tuvimos una infancia maravillosa. No tengo nada de qué quejarme."

"Crecí en una familia rota. Mis padres se divorciaron

cuando tenía once años, pero tuvimos una infancia maravillosa. No tengo nada de qué quejarme."

Estas dos historias son simplistas. Ninguna profundiza en sentimientos, emociones, eventos específicos, o cómo crearon un cambio, sorpresa, o nada inesperado.

Cuando el narrador es simplista, o no está dispuesto a arriesgar el ir más allá de la superficie, todo lo que tenemos es una historia superficial. Lo que todo mudo quiere es una historia que valga la pena narrar de nuevo. Queremos estar asombrados, interesados, fascinados o impresionados.

Las historias asombrosas nos llevan a lugares que están fuera de lo ordinario y nos muestran experiencias en la vida que difícilmente creímos posibles. Expanden nuestra realidad; nos retan tanto a nosotros como a nuestra forma de vida.

En suma, las historias interesantes agregan conocimiento, datos, curiosidades e información. En otras palabras, nos aportan algo nuevo, y aprendemos algo que no sabíamos antes para darnos algo nuevo de qué hablar mañana. Esto hará, a cambio, que sonemos más interesantes.

Las historias fascinantes son aquellas por las que soltamos todo para seguir escuchando. Cuando estamos fascinados, perdemos todas las demás distracciones y estamos 100% enfocados. Una historia fascinante nos atrae con sus elementos de intriga, curiosidad, y maravilla.

Las historias impactantes nos hacen dejar lo que estamos haciendo y nos hacen cuestionar nuestras actitudes, o entrar en conflicto con nuestros valores o morales. A menudo contienen corazones rotos, tragedia o desastres. También pueden involucrar crueldad, dolor y sufrimiento. Toda historia impactante necesita tener un punto, de lo contrario simplemente tiene "valor de impacto," y todo lo que hace es capturar la atención de los escuchas. Pero a partir de ahí, ¿a dónde?

Vamos a aplicar estos conceptos a nuestra historia familiar.

¿Quieres hacerla asombrosa?

"Crecí en una familia felíz. Mis padres nos expresaban amor todos los días de muchas maneras. A través de buenos modales y cortesías comunes, aprendí a respetarlos, y desde una temprana edad, aprendí el valor del dinero al hacerme responsable por mis compras. Aprendí sobre el amor del ejemplo que mostraron al servir uno al otro y demostrar su amor en público al sujetar sus manos y comprar pequeños obsequios uno al otro. Los videos de nuestra familia se han convertido en memorias invaluables desde su trágica muerte cuando éramos adolescentes."

¿Impactante?

"Crecí en una familia felíz. Por lo menos en la superficie. Debajo de nuestra fachada brillante yacía una cultura de desconfianza, violencia, y odio. Pero la sociedad decía que los padres deben permanecer unidos, así que mi madre sufrió. Mi padre la golpeaba, y a nosotros, a diario. Vivíamos en el miedo, pero para el mundo exterior, lucíamos perfectos. Dentro, era una prisión."

¿Fascinante?

"Crecí en una familia felíz. A pesar de que mis padres se separaron cuando apenas tenía once años, continuaron cuidándonos. Teníamos comunicación con ellos todos los días durante nuestros años de adolescencia, y ahora lucen como que se llevan mejor que durante aquellos años. Estoy agradecido de que hayan hecho el compromiso de trabajar en amarnos, a pesar del amor que ya no sentían entre sí."

Demos un vistazo a los otros seis estilos de narrativa que podemos preparar para nuestras charlas para hacer que la audiencia nos preste atención y recuerde nuestro mensaje.

Secreto #2

Historias Divertidas

La vida es divertida.

No lo planeamos así, pero a menudo lo es. Cuando menos lo esperamos, la vida "ocurre," y muchas de las ocasiones, es divertida.

Las mejores historias vienen directo de la vida, de lo inesperado, lo inusual, o lo divertido. Las historias divertidas que nos rodean le dan a nuestras charlas autenticidad y también nos conectan a muchas personas que han tenido experiencias similares.

¿Cómo podemos crear historias divertidas?

Pero primero, deja que cuente una historia.

En mis talleres en vivo sobre cómo hablar en público, me gusta que las personas compartan sus fortalezas personales. Esto les ayuda a realmente ver a las personas, y ver con qué se conecta una audiencia y sobre qué quieren escuchar más. Trabajamos juntos para construir su autoconfianza y crear una autoimagen más poderosa.

En uno de mis talleres en Toronto, una mujer llegó tarde a la sesión. Ya habíamos hecho el primer ejercicio, donde todos hicieron un pequeño discurso. La invité a compartir el suyo con todos los asistentes en ese mismo momento. Tan pronto como le pregunté su nombre, la invité a que se presentara frente a todos:

–Hola, mi nombre es Dolores.– Dijo ella, y todos en el salón respondieron: –¡Hola, Dolores!–

–Le muestro a las personas cómo ganar dinero.– Su voz retumbó y bramó, terminando con una risa retumbante bajo la superficie. –Y eso es muy gracioso, ¡por que yo no tengo nada!–

Entonces rugió en una carcajada, y también el resto del salón. Todos en la audiencia habían estado aprendiendo sobre cómo hacer una potente primera impresión. Y en tres cortas frases, Dolores nos enseñó algo: las palabras que decimos sobre nosotros mismos le dicen a la audiencia cómo nos sentimos sobre nosotros.

¿Tomaríamos consejos financieros de Dolores? No.

¿Correríamos en la otra dirección? Sí.

Con sus frases de apertura, ella estaba haciendo lo que le venía naturalmente; no la estábamos preparando para el fracaso. Todos participaron en la actividad y, junto con Dolores, muchos pudieron ver que necesitaba mejorar. A través del taller, encontramos maneras de mejorar su introducción. Ella supo, a partir de ese día, cómo preparar bien una apertura que hiciera una gran diferencia en sus resultados.

La historia fue divertida en ese momento. Cuando la relato frente a una audiencia en vivo, se ríen y van al punto. Es más efectiva que hablar con la audiencia como un maestro de primaria, y hay menos confrontación. La historia entrega la lección.

¿Otra historia?

Estaba haciendo un taller en un pequeño pueblo. Como unas cuarenta personas estaban repartidas entre las sillas y la primera fila estaba llena. Reconocí a algunas personas de eventos previos, y sonreí mientras hice contacto visual con cada una de las que estaban sentadas en primera fila.

Cuando comencé la conferencia, repasé el grupo e hice contacto visual con esta mujer rubia quien yo sabía era una fanática del ejercicio. Ella tenía facciones asombrosas, y me quedé sonriendo. Somos amigos, así que no fue incómodo.

Pero entonces, la cosa más extraña sucedió: sus ojos se abrieron, sus cejas se arquearon. Pensé para mí mismo... "¡Interesante!"

Continué caminando alrededor del salón, hablando con todos, haciendo contacto visual aquí y allá. Cuando caminé por donde ella estaba, de nuevo, lo mismo ocurrió: sus ojos se abrieron grandes, pupilas dilatadas. Lucía como si me miraba como si yo fuese la persona más grandiosa que ella jamás había visto, y quería que me enterara. Ahora, esto fue un poco desconcertante, así que seguí moviéndome.

Finalmente, en la tercera pasada, tuve que detenerme.

—¿Sabes lo que estás haciendo con tus ojos?– Pregunté.

—¿Qué cosa?– Dijo ella.

—Cuando te veo a los ojos, los tuyos se abren grandes y tus cejas se elevan como, si estuvieses mirando algo que realmente te gusta mucho mirar.–

La audiencia se rió.

—Es la cosa más sexy pero, es un poco desconcertante.– Dije.

—No sé a qué te refieres.– Respondió ella.

Su amiga la miró: —Tú sabes, ¡eso que hacen tus ojos!–

Dijo

Aún sin convencerse, la rubia lo pensó por unos diez segundos, hasta que la comprensión se asentó. Sus ojos se estrecharon, e inclinó la cabeza hacia un lado.

–Ahora sé por qué mi jefe ha estado llamándome a juntas a las 5pm todos los días. Él se sienta en su escritorio, y yo en una silla. Las juntas siguen y siguen. No hay ningún otro lugar que ver, así que lo miro a los ojos. ¿El piensa…? ¡Oh esto tiene que cambiar!–

En ese momento la audiencia soltó una gran carcajada. Luego hablamos por un momento sobre cómo el orador puede dirigir a la audiencia con buen lenguaje corporal y contacto visual, pero algunas veces, cómo la audiencia puede llevar el liderazgo.

El final inesperado.

Algunas ocasiones las personas esperan que los oradores sean de cierta manera. Piensan que serán serios o enseñarán valiosas lecciones, incluso sobre una taza de café. Las historias pueden tener impulsos emocionales y estimular un recuerdo más poderoso de una reunión, y esto es bueno cuando las personas después piensan en la historia y la lección.

Si podemos relatar una historia divertida, será una de las luces de nuestra charla. Cuando tenemos múltiples historias divertidas, le apuntamos a crear un recuerdo positivo de la charla completa.

En mis sesiones de entrenamiento, cuento la historia sobre las personas en la audiencia que hablan con sus manos. Muevo mis brazos en el aire para tratar de simular a la típica persona expresiva y sugerir que tal vez metan las manos en sus bolsillos. Si tienen llaves o monedas dentro, será una distracción para la audiencia.

Llevo monedas en mis bolsillos para demostrar –las monedas cascabelean.

Pero luego, el giro...

Incluso sin llaves o monedas en sus bolsillos, si las personas están nerviosas, esto podría ser una distracción. Debido a que si hablamos con nuestras manos fuera de nuestros bolsillos, entonces hablaremos con nuestras manos cuando están dentro de nuestros bolsillos. Y si no hay ningún ruido, luce como si algo está ocurriendo dentro de nuestros pantalones. ¡Este es un comportamiento de distracción! ¡Especialmente cuando estamos haciendo contacto visual con las personas en primera fila!

La audiencia se ríe, apenada, por que sus ojos han sido llevados al nivel de la cintura, y se dan cuenta de que se han convertido en parte de la broma. Captan la lección, debido a que es una historia divertida, acompañada de una emoción, una imagen visual y sonidos.

Finalmente, algo divertido que todos podemos preparar.

El humor dentro de las historias puede ser diseñado, pero la mayoría del tiempo, la historia de la vida real es más divertida, sólo debemos tener el momento correcto cuando la contamos. El momento correcto lo es todo.

No hace falta inventar o exagerar una historia. En el contexto correcto, algunas historias son inclusive más divertidas que cuando las descubrimos por primera ocasión. Hacer pruebas con una audiencia o dos nos ayuda a descubrir qué es de verdad gracioso a diferencia de lo que pensamos que es gracioso.

La mayoría de las historias graciosas suceden cuando las personas hablan sin pensar o sin preparación. Ponen su pie en la boca, y salen con algo vergonzoso o chistoso.

En otros casos, las personas dicen cosas divertidas por que se equivocan, algunas veces, a pesar de haber planificado sus frases, oraciones o bromas. Algunas veces es una pregunta, otras veces es un comentario.

La naturaleza de los humanos es que va primero la emoción, la lógica entra en segundo lugar (o a veces no entra). Mientras están siendo entretenidos, sus interruptores de lógica están apagados, y sus interruptores emocionales están encendidos, así que lo que hacen es innato y en reacción. Las reacciones son emocionales y espontáneas.

Podemos contar con muchas situaciones como éstas que son graciosas, y son las que observo en mis talleres como orador.

¿Qué tal algunas otras situaciones de la vida que son graciosas?

- Citas desastrosas.
- Comer en un restaurante.
- Alguien que ronca durante la ópera.
- Niños en el cine.
- Navidad o Día de Acción de Gracias con la familia.
- Cosas que nuestros padres dicen.
- Cosas locas que nuestros hijos dicen.
- Lo que vemos que hacen las personas dentro de sus autos en el tráfico.
- Lo que ocurrió la última vez que escuchaste la alarma contra incendios.
- Niños jugando en el parque.
- Padres jugando con sus hijos por primera vez.
- Padres cambiando pañales por primera vez.

Piensa sobre los videos más divertidos en Internet. YouTube no sería lo mismo sin gatos, cachorros, elefantes, perezosos, y monos. Pero los videos más divertidos involucran niños, adolescentes, y adultos.

- Personas que se tropiezan.
- Personas que intentan trucos.
- Personas aventureras.
- Personas que se lastiman.
- Personas que se golpean con ventanas.
- Personas que fingen ser superhéroes.
- Personas un poco ebrias.
- Niños después de salir del dentista.
- Niños imitando a sus padres.
- Niños actuando sus sentimientos.
- Niños haciendo rabietas.

La mayoría de estos son graciosos, por que tenemos algo en nuestra vida que podemos relacionar con ellos. Y algunas ocasiones la pura naturaleza ridícula de lo que las personas pueden hacer es... simplemente divertida.

Cuenta la historia, recibe las risas. Podemos aligerar nuestra presentación con humor. Podemos vincular con nuestro producto, servicio o tema cuando narramos historias graciosas, y el recuerdo del humor estará ligado a nuestro producto de manera positiva.

Historias increíbles –¡No lo puedo creer!

"¡No lo podrás creer!"
"¡No puedo creer que esto sea verdad!"
"¡No podría inventar esto!"

Coincidencias e historias asombrosas.

Estas son las historias que hacen que nuestra quijada caiga al suelo, que nuestros ojos salten, y que nuestras cabezas giren. Son tan increíbles, imposibles e improbables, que tienen que ser verdad.

Muchos dichos explican lo inusual y asombroso:

- "La ficción imita a la realidad."
- "No puedes inventar algo como esto."
- "Sólo en América."
- "Bueno, son del campo."
- "Sólo son jóvenes."
- "¿Cómo es posible?"
- "Basado en una historia real."

La imaginación humana es buena, pero la vida real nos provee de sorpresas. Las películas están inspiradas en historias reales, sueños, metas, o la imaginación.

¿Qué nos fascina?

- Lo que las personas se hacen unas a otras.
- Lo que las personas hacen por ira.
- Lo que las personas hacen al calor de la pasión.
- Lo que las personas hacen por amor.
- Lo que le sucede a las personas por accidente.
- Lo que nos ocurre mientras estamos ocupados haciendo otros planes.

Las coincidencias nos dan escalofríos en la espalda; siempre estamos asombrados por la manera en que la vida crea estas extrañas situaciones.

Algunas ocasiones podemos preguntarnos, ¿Es verdad

que esta historia es real? No importa. El punto es, a la audiencia le encanta una historia increíble. Siempre podemos enlazar la historia a nuestro punto o a nuestro mensaje –las historias fascinantes tienen un gran valor para un narrador.

Los mitos urbanos son tan poderosos como historias sobre eventos verídicos. Que a menudo lo son. Dale un vistazo a estos eventos reales y ten la libertad de utilizarlos en tus presentaciones.

Nunca lo creerás.

Una mujer Saudí solicitó la ayuda de su hermano para conducir el coche de su esposo a través de intersecciones en luz roja; como plan de venganza durante la misma noche de su segundo matrimonio.

Un video de YouTube se hizo viral: uno donde muestra la camioneta pick-up cruzando y yendo en reversa a través de un semáforo en rojo en una intersección. Las redes sociales del país reportaron que la camioneta estaba siendo conducida por el cuñado del dueño.

Los reportes decían que la esposa del dueño estaba furiosa por que su esposo estaba tomando una mujer en segundo matrimonio, así que hizo que su hermano condujera la camioneta del tipo a través de numerosas intersecciones con cámaras de tránsito durante la noche de la boda, sumando un total de $80,000 en multas.

¿Cuáles son otro tipo de ejemplos de historias que no podemos creer?

¿Coincidencia o casualidad?

El Internet es un grandioso lugar para encontrar historias, y hay películas que se hacen en la misma línea.

Amor verdadero.

Serendipity es una película del 2001, estelarizada por John Cusack y Kate Beckinsale. En ella, después de que la primera cita sale bien, Sarah (Kate) escribe su nombre y teléfono dentro de un libro, luego dona el libro a una librería de segunda mano.

Jon (John) visita cada librería en el país, esperando ver el nombre y número que tanto ha buscado.

Muchos años después, ambos están comprometidos para casarse. Aún así, ninguno puede sacudirse la necesidad de darle al destino una última oportunidad para reunirlos, así que Jon solicita la ayuda de su padrino de boda para rastrear a la chica que es incapaz de olvidar, comenzando en la tienda donde se conocieron, y Sara vuela de California a Nueva York, con la esperanza de que el destino le traiga de vuelta a su alma gemela.

No te diré lo que sucede después, pero lo puedes imaginar.

Una Mujer Norteamericana en París

Una escritora Norteamericana, Anne Parrish, y su esposo estaban de vacaciones en Paris en 1920. Estaban revisando librerías, y Anne levantó un libro que era uno de sus favoritos: *"Jack Frost y Otras Historias."* Anne le dijo a su esposo que, cuando niña, sus padres le habían dado una copia, así que tenía recuerdos maravillosos de ese libro.

El esposo de Anne tomó el libro, lo abrió, y en el interior encontró una inscripción a mano que leía: "Ann Parrish, 209 N Weber Street, Colorado Springs." La inscripción tenía la letra de Anne. ¡Era su propio libro después de tantos años!

Fuente: *While Rome Burns*, por Alexander Woolcott.

La chica.

Conocí a una chica en el tren, le pedí su número, y la llamé. Nos hicimos cercanos y hablábamos mucho. No era un romance, sólo una amistad.

Un amigo mío en la época me contó sobre una chica de la cual se había enamorado, dijo que no tenía idea de cuánto significaba para él. Un día, me entregó su teléfono y miré un contacto que estaba bajo el nombre de "VIP." Tuve curiosidad y, ¿adivina de quién era el número? ¡El mismo número que me había dado la chica en el tren! Fue una coincidencia asombrosa. Qué suerte que ella y yo no tuvimos intenciones de pareja.

El caso de la dirección equivocada.

Trabajo en un lugar donde se hacen frecuentes entregas de paquetería. Un día, uno de los choferes tenía problemas para entregar un paquete. La dirección estaba mal (el código postal tenía error y había otro error en el nombre de la calle), y era el final de un largo día.

El chofer sabía que yo estaba familiarizado con el área y tuvo la esperanza de que habría escuchado de esta calle, así que me prestó el paquete para revisarlo. He aquí, ¡era un paquete para mi suegro!

Él no vive en el mismo código postal en el que trabajo, así que hicieron falta varias coincidencias para que el paquete terminara en ese camión. Luego, por si acaso, el chofer me preguntó si conocía la calle. No se suponía que yo estuviese trabajando aquel día, por que mi horario indicaba que salía temprano.

El chofer de la paquetería dijo que, en sus 25 años de hacer entregas, algo tan extraño nunca había ocurrido.

El doble del Rey.

El rey italiano del Siglo XVIII, Umberto, fue a un restaurante en Monza con su general Emilio Ponzia Vaglia, donde el dueño del restaurante tomó la orden del rey. El rey notó que él y el dueño lucían casi idénticos; podrían casi ser hermanos.

Mientras discutían sus similitudes, descubrieron que ambos habían nacido el 14 de marzo de 1844. Ambos habían nacido en el mismo pueblo, y ambos estaban casados con mujeres de nombre Margarita. Además, el dueño había abierto su restaurante el mismo día en que Umberto había sido coronado como rey.

Pocos años después, en la tarde del 29 de julio de 1900, el rey Umberto fue informado sobre la muerte del dueño de aquel restaurante. Mientras Umberto recibió la triste noticia, estaba comentando el lamentable suceso a punto de subir a su carruaje, donde fue asesinado de cuatro tiros por Gaetano Bresci.

Sólo un poco de diversión que salió mal.

Hace algunos años, unos empleados de Boeing decidieron tomar prestada una balsa salvavidas de uno de los jets 747. Tuvieron éxito en extraerla de la planta y llevarla a casa en secreto.

Poco tiempo después de que la inflaron para dar un paseo por el río Stilliguamish, quedaron bastante asombrados al ser sorprendidos por un helicóptero de la guardia costera. La aeronave estaba atendiendo la llamada automática de emergencia que se activa cuando la balsa es inflada.

Ya no trabajan en Boeing.

Asuntos del corazón.

Como Dorothy Fletcher, de Liverpool, sabe bastante bien, pocos lugares son peores para sufrir un ataque cardiaco que sobre un vuelo transatlántico. A menos que quince de los pasajeros sean especialistas en cardiología en camino a una conferencia.

En noviembre del 2003, la Sra. Fletcher estaba volando desde Manchester a Florida para asistir a la boda de su hija cuando el desastre la golpeó. Las sobrecargos lanzaron la urgente llamada por algún médico a bordo, para asistir en la emergencia.

–No pude creer lo que ocurrió después.– Recuerda la Sra. Fletcher. –Todas estas personas llegaron corriendo por el pasillo para atenderme.–

Los cardiólogos la mantuvieron estable mientras el avión se desviaba a Carolina del Norte. Se pudo recuperar para llegar a tiempo a la boda.

Atrapando una estrella fugaz.

En la historia de la humanidad, solamente una persona ha tenido la mala suerte de haber sido alcanzada por un meteorito. Las leyes de la probabilidad dictan que los meteoritos caerán generalmente en áreas desoladas, como un desierto o los océanos. Pero éste cayó sobre una mujer durmiendo la siesta en un sofá.

En noviembre de 1954, Ann Hodges de Sylacagua, Alabama, estaba dormida en su sala cuando de pronto un trozo de roca espacial atravesó el techo de su casa y la golpeó. Le causó un enorme hematoma en el muslo, pero no la dañó más allá de eso.

–Existen más probabilidades de ser alcanzado por un tornado, un relámpago y un huracán al mismo tiempo.– Le dijo el astrónomo Michael Reynolds a la National Geographic.

¿Hora de comprar un boleto de lotería?

Nos veremos de nuevo.

Una mujer en Gwent pasó años tratando de encontrar a su hermano perdido, pero quedó asombrada cuando, ¡descubrió que vivía justo frente a su casa!

Rose Davies había sido criada por padres adoptivos y sólo cuando creció le dijeron que tenía tres hermanos. Sid y John habían sido fáciles de localizar, pero no había ni rastro de Chris.

No sabía que ya era amigo suyo y de su familia.

–Apenas nos conocimos hace tres meses,– comenta ella, – los considero muy agradables.–

Gemelos

Los gemelos Jim Lewis y Jim Springer, fueron separados al nacer y adoptados por familias diferentes. Sin saberlo, ambas familias los bautizaron James. Cada James creció sin enterarse de la existencia del hermano, aún así ambos buscaron entrenamiento para policía. Ambos tenían habilidades para el dibujo técnico y carpintería, y ambos se casaron con mujeres de nombre Linda. Ambos tuvieron hijos, uno de los cuales se llamó James Alan y el del otro, James Allan. Ambos se habían divorciado de su primera esposa y se casaron con otra mujer – ambas de nombre Betty. Y los dos tenían perro, de nombre Toy.

Las historias asombrosas son entretenidas y, ambas, la persona narrando la historia, y la persona que la escucha, se benefician.

Podemos insertar historias asombrosas en nuestras propias presentaciones.

Cuando escuchamos sonar una canción de nuestro pasado, nos recuerda viejos amores, escuelas, trabajos, y nuestra juventud; bailes escolares, primeros besos, exámenes, deportes, y más. Cada recuerdo puede estimular una nueva historia.

Si estamos en ventas, las historias asombrosas se pueden ligar a los asombrosos beneficios de nuestro producto, o podemos narrar una historia asombrosa que nos sucedió.

Las coincidencias se pueden ligar al elemento del azar y la suerte, y podemos compararlas con las estrategias de los metódicos, deliberados y más exitosos empresarios del mundo.

Recuerda, las historias asombrosas son más fáciles de recordar que los simples datos. Haz que tus historias sean divertidas, inverosímiles, e increíbles, para que todos las compartan con sus amistades.

Secreto #3

El Pasado y El Presente

Cuando era joven, quería ser conferencista profesional.

Estudié el arte de la oratoria y modelé a algunos de mis grandes ídolos, Og Mandino, Jim Rohn, y Denis Waitley.

Leía libros, escuchaba audiocasettes, y asistía a conferencias para aprender de todo conferencista.

Había tomado la decisión de ser un orador, pero me tomó otros siete años subir a un escenario para enseñar y entrenar audiencias alrededor de Australia.

Dos años más tarde, comencé mi carrera como conferencista internacional. Cada año, mis audiencias se hacían más diversas. Desde Australia y Nueva Zelanda al sudeste de Asia, los Estados Unidos y Canadá, Europa, y Asia central. Ahora, me da orgullo mencionar que he alcanzado mi meta como conferencista internacional, entrenador y autor, trabajando en más de 20 países, y visitando más de 40 hasta el momento.

Cuando era joven, aprendí a tocar el piano.

Desde la edad de 14, cada lunes por la noche tomé lecciones con David, mi maestro de música. Mejoré muy rápido. Comencé en la AMEB (*Australian Music*

Examinations Board) en el cuarto grado, y terminé tres años después en el equivalente del octavo grado.

Cada semana, David me decía qué tan bien estaba progresando, lo que fue asombroso, puesto que casi nunca practicaba. Detestaba las escalas. Mi método de aprendizaje era poco efectivo y no aceleraba mi avance al ritmo de los otros estudiantes. Simplemente tuve suerte, o tenía demasiado talento nato para fanfarronear mi camino a través de cada semana.

Después de un año de lecciones, pensé que podría lograrlo como pianista clásico, tocando frente a públicos de todo el mundo. Eso fue hasta que me enteré de cuánto practican por día (seis a ocho horas). ¡Y yo estaba teniendo problemas para comprometerme a 30 minutos!

Así que, en lugar de eso, aprendí otras melodías. Toqué en la iglesia. Toqué en casas de mis amigos y en fiestas. Incluso tocaba en casa junto con el radio o la TV.

Entonces, llegó mi gran oportunidad. El día de una pelea de box, cuando yo tenía apenas 17, toqué por tres horas en un piano-bar llamado Pippins, en el hotel Terminus de Shepparton. Me quedé por dos horas posteriormente, hasta que el bar cerró a medianoche.

Me sentía en mi elemento –un piano, un bar, personas pasándola bien, y yo entreteniéndolas.

Me invitaron de nuevo para la noche de Año Nuevo, cuando toqué por cinco horas y atendí solicitudes de canciones de parte de mujeres hermosas. Las personas me daban propinas por tocar las canciones que querían. Fue grandioso.

Los siguientes cuatro años me pagué los estudios universitarios sólo tocando el piano. Tocaba durante cinco horas cada sábado, incluso comencé a enseñar a estudiantes de secundaria en mis días libres.

El piano me pagó con creces por los pocos años de

práctica. Me alegra haber tenido la disciplina suficiente para sentarme a través de todos esos exámenes.

"Cuando era joven"

Es una simple apertura para una historia. Se refiere a una época que recordamos, y a un momento en que nuestra audiencia se puede relacionar con nosotros.

Todos podemos narrar estas historias, debido a que las conocemos desde nuestra infancia, y nuestra audiencia tendrá empatía, colocándose a ellos mismos dentro de la historia.

- Todos fueron jóvenes.
- Todos fueron niños.
- Todos tuvieron adolescencia.
- Todos tuvieron padres.

La historia más simple de contar es de nuestros primeros recuerdos; cada momento de definición en nuestras vidas brilla como un foco dentro de nuestra jornada.

Cada decisión que nos cambió la vida, creó ya sea dolor o placer. Cada relación que comenzamos o terminamos es una historia, y cada sueño y meta que ha creado a quién somos hoy.

Cuando compartimos estas historias, nuestra audiencia retrocede al mismo momento en sus vidas. Esta es una estrategia secreta para ganar afinidad con nuestra audiencia.

¿Cuáles son algunas de las cosas que hicimos cuando éramos jóvenes que podrían ser compartidas en una historia?

Deporte.

- Cuando era joven, solía jugar cricket, pero nunca fui muy bueno como para lograr ser titular. Aún así amaba el juego.

43

- Cuando era joven, nunca jugué ningún deporte, y ahora mi cuerpo está pagando el precio. Mi arrepentimiento #1 es no haber sido activo durante mi juventud.

- Cuando era joven, quería jugar básquetbol, pero era muy bajo y lento. Ahora, encontré un deporte donde no importa que no sea alto: ser jockey.

- Cuando era joven, quería ser esquiador, pero vivía en medio del desierto. Me mudé a Aspen, Colorado a los dieciocho y nunca salí de ahí.

- Cuando era joven, quería ser jugador de tenis, pero no teníamos dinero para las lecciones. Así que golpeaba la pelota contra la pared de nuestra casa hasta que tuve edad de trabajar y pagar por mis lecciones.

- Cuando era joven, nadaba cada verano por diversión, pero nunca por competencia. Un buscador de talentos me encontró, me entrenó y ahora estoy compitiendo en mi segunda Olimpiada.

- Cuando era joven, pateaba el balón cada minuto que estaba despierto, 365 días al año. Me uní a un equipo tan pronto pude hacerlo, me hicieron capitán en el segundo año.

- Cuando era joven, miraba a mis ídolos en TV y soñaba con estar sobre un escenario. Ahora, me subo a escenarios frente a miles de personas.

- Cuando era joven, veía a mis jugadores de fútbol favoritos en el estadio. Reforzó mi pasión por el juego mientras crecí.

- Cuando era joven, un famoso jugador de cricket firmó mi gorra en una final, y nunca más la lavé. A la fecha sigo amando el cricket y todo lo que se le parezca.

Nuestra infancia es una época de inocencia, así que las historias que contamos son inocentes también.

Nota que todas las frases de arriba sólo son aperturas para

historias que pueden ser tan largas o tan cortas como queramos.

¿Qué otras cosas ocurrieron mientras éramos jóvenes?

Aprendimos.

- Cuando era joven, aprendí a tocar el piano. No me gustó mucho así que renuncié.
- Cuando era joven, aprendí a tocar la guitarra. Amaba sus sonidos y practicaba todos los días.
- Cuando era joven, aprendí a cortar el pasto usando una podadora, lo que se convirtió en mi primer empleo.
- Cuando era joven, aprendí a podar rosas para que dieran mejores flores durante la primavera.
- Cuando era joven, aprendí a sembrar vegetales en nuestro patio trasero, así que siempre teníamos sandías y calabacines deliciosos.
- Cuando era joven, aprendí otro idioma, y he sido capaz de hablar un inglés fluido desde entonces.

¿Qué mas aprendimos? Bueno, no todo lo que aprendimos sucedió cuando éramos niños pequeños. Aprendimos cosas nuevas cuando adolescentes.

Los años de adolescencia.

- Cuando era adolescente, aprendí que a las chicas no les gusta que les arrojes cosas.
- Cuando era adolescente, aprendí que algunos cuerpos cambian más rápido que otros. Por tres años, fui el más bajo de la escuela.
- Cuando era adolescente, quería besar a una chica, pero no todas eran iguales. Algunas quieren; otras, no.
- Cuando era adolescente, creía que la escuela lo era

todo. Amaba aprender y quería convertirme en profesor.

- Cuando era adolescente, no podía esperar a conducir un auto. Practiqué en granjas y caminos desolados hasta que tuve las habilidades para presentar mi prueba de manejo y obtener mi licencia.

- Cuando era adolescente, aprendí a montar motocicleta. No muy bien –me estrellé en una cerca la primera vez. Pero me subí de nuevo y aprendí a conducir seguro.

- Cuando era adolescente, me mudé a la gran ciudad para estudiar la universidad. Todos mis amigos y familia se quedaron atrás en esta nueva aventura.

- Cuando era adolescente, descubrí por primera vez que los chicos querían salir conmigo. Tuve que conversar con mis amigas sobre qué hacer, por que mi madre no vivía conmigo.

- Cuando era adolescente, aprendí que las clases de la escuela no me estaban preparando para la vida real, así que comencé a leer libros de Robert Kiyosaki y Brian Tracy.

- Cuando era adolescente, aprendí cómo los chismes y abusos pueden destruir a alguien. Yo estuve en el lado del receptor y me afectó.

- Cuando era adolescente, me rebelé y huí de casa. Terminé, por un día, en un pueblo a 40 kilómetros lejos, antes de que me encontraran y me llevaran a casa.

- Cuando era adolescente, me hice alcohólico. Ahora llevo 20 años de sobriedad.

- Cuando era adolescente, dejé a mi familia en casa y pasé doce meses como estudiante de intercambio. Fue una experiencia grandiosa donde gané amistades y aprendí nuevos idiomas.

- Cuando era adolescente, aprendí a armar computadoras.

Ahorré mucho dinero por mi cuenta, y gané dinero armando las de mis amigos y negocios cercanos.

- Cuando era adolescente, aprendí que ser un geek podía ser bueno cuando reparaba los teléfonos de las chicas.

Éramos más jóvenes hace cinco minutos. Podemos usar esta misma fórmula en años recientes, incluso si estamos en nuestros cuarentas, cincuentas, o más.

- Cuando tenía 33, decidí quedarme de esta edad por siempre.

- Cuando recibí mi obsequio de cumpleaños 38 de mi hijo, me emocioné bastante, por que era un boleto para la Fórmula 1 en Mónaco.

- Cuando cumplí 40, mi familia me organizó una grandiosa fiesta. "La vida comienza ahora," dijeron.

- Cuando tenía 44, recuerdo pensar: "La vida no se puede poner mejor que esto."

- Cuando tenía 47, vendí mi primer negocio por 33 millones de dólares.

- Cuando tenía 50, reflexioné sobre mis logros y sonreí, mientras descansaba en una playa de las Bahamas.

- Cuando cumplí 65, supe que no podría retirarme todavía. Había demasiado trabajo por hacer.

- Cuando cumplí 69, supe que el retiro aún estaba lejos. No podía costear dejar de trabajar, por que no tenía ahorros.

Así que podemos revivir nuestro pasado y usarlo como punto de referencia para el comienzo de nuestras historias. Entonces, cuando la hemos narrado, podemos hacer nuestros puntos o mostrar la relevancia de la historia.

Pero regresemos al impacto que otras personas han tenido sobre nosotros cuando fuimos jóvenes.

¿Quién nos enseñó?

La mayoría de nuestras influencias tempranas fueron nuestros padres, antes de que los abuelos, tíos y tías se involucraran más. Luego, nuestros profesores, entrenadores, tutores se involucraron en nuestras vidas. Por último, nuestras parejas, novios y novias, nuestros jefes, colegas y la vida misma nos enseñó lecciones.

Alguien nuevo nos enseñará mañana, y entonces, tendremos una nueva historia.

¿Qué nos enseñaron?

Cuando era joven, mi madre me enseñó a tener buenos modales, a siempre decir "por favor" y "gracias." Esto era un consejo de sentido común, y se convirtió en un hábito que siempre ha sido bueno recordar alrededor del mundo. De hecho, esas son las dos primeras palabras que aprendo en cualquier idioma de un país donde hago conferencias.

Cuando era joven, mi padre me enseñó a escribir a máquina. No quería hacerlo; era difícil en las torpes máquinas de escribir pasadas de moda que teníamos en la escuela. Aprender a usar un teclado, sin embargo, fue la mejor habilidad de negocio que pude haber desarrollado, fuera de las ventas y el marketing.

Ser capaz de escribir 60 palabras por minuto mientras estoy sentado en un café me permite escribir libros mientras observo el mundo pasar. Me ha ayudado a escribir más de una docena de libros y miles de páginas de sitios web y materiales de entrenamiento.

Cuando era joven, mi abuela me enseñó el amor por la cocina. La mayoría de los domingos horneaba pasteles, galletas, panes y otras maravillas deliciosas. Comíamos tanto. Pero la mejor parte fue que me dejaba llevar a casa los sobrantes.

He amado cocinar desde entonces, y durante gran parte de mi vida adulta, he sido el primero en entrar a la cocina.

Cuando era joven, mi abuelo me enseño a usar mi cerebro. Cuando lo visitaba, me sentaba frente a complejos crucigramas, queriendo hacerme pensar y resolver estos retos de palabras. Construyó mi vocabulario y expandió mi mundo de lenguaje.

Desde entonces, ningún reto frente a mí ha lucido imposible. Cuando un niño de seis años resuelve un crucigrama, se siente invencible. Nunca olvidaré pensar que era imposible entonces, y ahora recuerdo que siempre hay una solución.

Cuando era joven, mi primer jefe me enseño a trabajar duro y recibir instrucciones. Fue duro al principio, después de tener una infancia sin preocupaciones. Pero ese trabajo me entrenó para trabajar duro desde el minuto que el sol sale, hasta que se oculta. Por el resto de mi vida, nunca diré que un granjero es perezoso.

Cuando era joven, conseguí empleo trabajando en una fábrica y aprendí el valor de la limpieza. Siempre que veo un lugar de trabajo sucio, veo que alguien no hizo su trabajo. Cuando quien limpia tiene orgullo de lo que hace, el resto del lugar brilla y es más valioso para el personal y los visitantes.

Cuando era joven, aprendí el poder de trabajar en equipo –deportes de equipo, equipos de trabajo comunitario, equipos académicos, bandas. Esto me ayudó a trabajar en proyectos más tarde en la vida y delegar lo que era necesario. Aprendí a identificar el punto fuerte de cada miembro del equipo y usar su habilidad en la posición adecuada.

Todas estas historias le ayudan a las personas a conectar con su propia infancia. Cuando lo hacen, recuerdan lo que aprendieron sobre la vida. Podemos comprobar eso al preguntar después de nuestra historia: "¿Qué aprendiste?"

¿Qué mas hicimos mientras éramos jóvenes?

Todos vivimos en lugares diferentes. Es la pregunta que las personas nos hacen cuando nos presentamos. "¿De dónde eres?" Podemos contar historias sobre el lugar donde nacimos y lo que hemos vivido. La ubicación forma parte de nuestra historia, y puede incluso definir nuestra personalidad, acento, o visión de la vida.

Cuando era joven, viví en Canberra, la capital de Australia. Todos los días montaba mi bicicleta sobre calles construidas anticipando el crecimiento de la ciudad para dentro de 20 años. Y así ocurrió. Cuando era joven, tuve la libertad de conocer suburbios enteros antes de que la primera casa se construyera.

Cuando era joven, mis padres se separaron y nos mudamos de Canberra a Shepparton. Ese pueblo de sólo 23,000 personas me llegó como un golpe cultural. Había dejado una ciudad limpia, construida con miras a futuro por burócratas y servidores públicos y fui impactado por el corazón de una comunidad regional de italianos.

Cuando era joven, nos mudamos seis veces en dieciocho meses, convirtiéndonos en nómadas locales, todo mientras me preparaba para mis exámenes de último año. Tuve que enfocarme en el presente a pesar del caos de nuestra vida en casa. En mi último año de preparatoria, logré mis mejores resultados académicos y deportivos, incluyendo el título de vice-capitán escolar.

Cuando era joven, me mudé del campo a la gran ciudad. De mi estilo de vida relajado entre 23,000 personas, me encontré en la gran ciudad de Melbourne con más de tres millones de personas. Un nuevo tipo de choque cultural, pero uno que aprendí a amar. Amaba la energía vibrante de una ciudad que nunca dormía.

Cuando era joven, obtuve mi pasaporte y tomé mi primer

viaje de ultramar a Manila en las Filipinas. No tenía idea de cómo sería, pero estaba emocionado y ese primer viaje ha conducido a más de dos millones de kilómetros visitando personas y lugares alrededor del mundo.

¿Quieres otros ejemplos? ¿Qué hay de temas relacionados con la familia? Piensa en una historia que podemos contar al enfocarnos en estas palabras:

Vacaciones y feriados.

- Cuando era joven, fuimos a la playa de vacaciones y…
- Cuando era joven, fuimos de viaje a Europa, y fue bueno por que…
- Cuando era joven, fuimos a la ciudad y vimos…
- Cuando era joven, visitamos el campo y descubrimos…
- Cuando era joven, no teníamos mucho, así que nuestras vacaciones siempre…
- Cuando era joven, éramos más ricos que otros chicos en el pueblo, y nuestras vacaciones siempre…
- Cuando era joven, no podíamos pagar vacaciones así que…
- Cuando era joven, teníamos hijos adoptivos en casa, así que las vacaciones significaban…
- Cuando era joven, construimos una casa de árbol durante las vacaciones…

¿Tienes algún favorito?

- Cuando era joven, mi juguete favorito era…
- Cuando era joven, mi amigo favorito era…
- Cuando era joven, mi comida favorita era…
- Cuando era joven, mi pasatiempo de fin de semana

favorito era…

- Cuando era joven, mi deporte favorito era…
- Cuando era joven, mi programa de TV favorito era…
- Cuando era joven, mi banda favorita era…
- Cuando era joven, mi actor favorito era…
- Cuando era joven, mi favorito…

Los primeros.

- Cuando era joven, mi primer…
- Cuando era joven, mi primer día de escuela…
- Cuando era joven, mi primer beso…
- Cuando era joven, mi primer novio…
- Cuando era joven, mi primera tragedia…
- Cuando era joven, mi primera actuación…
- Cuando era joven, mi primera verificación de realidad…
- Cuando era joven, mi primer éxito…
- Cuando era joven, mi primer examen…
- Cuando era joven, mi primer trabajo…

Todos podemos comenzar nuestras historias con "Cuando era joven," para hacer que la audiencia preste atención.

Es importante que liguemos nuestra apertura al tema o al punto de nuestra presentación. De esta manera, la audiencia continuará escuchando. No contamos una historia para capturar su atención y luego cambiar el tema. Se sentirán manipulados. Debemos de ligarla al punto de nuestra charla.

Debemos tener suficientes historias de estos ejemplos para llenar días de conferencias o presentaciones. Si nos tomamos el tiempo de contar algunas de ellas temprano en nuestros discursos, ganaremos afinidad y los tendremos asintiendo con la cabeza, sonriendo y sintiéndose cómodos.

Debemos practicar una historia y comenzar a compartirla. Esto mantendrá a nuestra audiencia interesada y las historias sonarán frescas. Frescas como si fuese la primera vez que ha sido contada.

Así que, no importa qué edad tenemos, todos podemos usar: "Cuando era joven."

¿Qué hay del futuro?

No todas las conferencias deben de comenzar con el pasado. Podemos enfocarnos en el futuro, pintar una imagen con nuestras palabras y hacer que las personas vean de lo que estamos hablando.

Cuando hacemos esto, sacamos a las personas de su situación actual. Esto puede ser bueno si estamos mostrando que las cosas pueden ser diferentes o mejores en el futuro.

- Cuando tenga cuarenta, quiero estar jubilado. Para que eso ocurra, haré esto ahora…

- Cuando tenga cincuenta, planeo vivir en el Caribe. Mi estrategia para ser capaz de vivir en una isla simplemente es…

- Dentro de dos años, tendré cinco libros publicados, generando un ingreso residual. Así que hace dos años comencé a escribir y mi primer libro ya hace dinero cada mes. Cómo tú puedes hacer esto también es…

- En cinco años, habré creado cinco millonarios a través de mi mentoría y acompañamiento.

- En veinte años, espero ser el abuelo más activo del planeta. Mi plan de ejercicios…

- En treinta años, todavía planeo estar enamorado, por que haré estas tres cosas todos los días.

El futuro es un lugar maravilloso para contar historias, por que todas son, de una manera, imaginarias.

Hacerlas más reales requiere de mostrar un plan, una estrategia, y un compromiso.

Cuando tenemos confianza en el futuro, otras personas también la tendrán. Debemos tener historias sobre nuestro futuro, por que se convertirán en las historias de nuestro pasado.

Secreto #4

Historias de Otras Personas

Cuando contamos una historias personal, cautivamos a la audiencia. Están recibiendo un aprendizaje que puede ser tanto íntimo como emocional y los trae a un mundo privado que respetan y del cual se sienten privilegiados de escuchar.

Contar nuestras propias historias es lo más fácil; son las que conocemos mejor. Nuestras mejores historias después de esas son las de las personas cercanas a nosotros, nuestros amigos y familia.

Si hacemos la investigación, nos daremos cuenta de que pueden encajar en nuestra charla perfectamente. Podemos traer a la vida una experiencia personal de una tercera persona y relacionarla con nuestra presentación.

¿Cuáles son algunos temas generales a los que nos podemos referir? Sólo observa las historias personales de nuestras vidas, y las de nuestra familia y amigos.

- Relaciones.
- Escuela.
- Amistades.
- Familia.
- Viajes.
- Deportes.

- Amor.
- Pérdida.
- Trabajo.

Las mejores historias se relacionan a un momento específico en el tiempo e incluyen otros personajes y personalidades. Esto hace estas historias atractivas.

Considera estos "primeros."

- Nuestro primer amor.
- Nuestro primer trabajo.
- Nuestro primer novio.
- Nuestra primera novia.
- Nuestro primer corazón roto.
- Nuestro primer reporte escolar.
- Nuestra primera "A."
- Nuestro primer fracaso.
- Nuestro primer hijo.
- Nuestra primera boda.
- Nuestra primera cita.
- Nuestra primera venta.
- Nuestra primera tarjeta de crédito.
- Nuestro primer vuelo en avión.
- Nuestro primer viaje en tren.
- Nuestro primer viaje largo.
- Nuestra primera infatuación.
- Nuestro primer café.
- Nuestra primera borrachera.
- Nuestra primera lección de idiomas.
- Nuestra primera clase de pintura.

- Nuestra primera reacción al ballet o a la ópera.
- Nuestra primera nota en el piano.

Cosas por primera vez traen nostalgia, y la reacción de otros es lo que hace la historia más interesante.

Y la mejor parte es que podemos activar una emoción. Cuando hay un elemento emocional dentro de la historia, la audiencia se engancha y presta atención como si estuviese ocurriendo en el presente.

Mi primer amor.

Mi primer amor en la preparatoria fue también la chica a la cual le rompí el corazón. Después de dieciocho meses juntos, dejé nuestro pueblo para ir a la gran ciudad, la universidad y la edad adulta. La relación era grandiosa, aprendimos mucho, y compartimos muchas experiencias. Cuando llegó el momento y yo iba a estar viviendo a doscientos kilómetros de ella, terminar lucía como lo correcto. Fue la decisión más difícil que había tenido que hacer.

¿Cuál es la decisión más difícil que has tenido que hacer?

Mi primer hijo

Benjamin decidió tener una entrada aventurera a este mundo. Después de más de dieciocho horas de trabajo de parto, seguía adentro. Los doctores aceleraron el proceso y su ritmo cardíaco se elevó a niveles peligrosos. Cuando nació, tenía el cordón umbilical alrededor de su cuello, no una, sino dos vueltas. Estaba gris, e hizo bastante ruido cuando entró al tibio cuarto de hospital.

Pasó tres días dentro de la incubadora bajo constante observación. Su masa bajó aún más, perdiendo 15% de su peso original de 5l libras 6 onzas antes de aprender cómo alimentarse. Luego, después de tener su primer baño, ¡supo que la vida es para vivirse! Comenzó a desarrollarse normalmente, ganando peso a partir de ese día.

Hoy, es un joven independiente, viviendo en la gran ciudad y enfrentando al mundo.

A pesar de su dramática entrada al mundo, Ben tiene una actitud relajada hacia la vida.

Nunca podemos dejar que nuestro pasado determine nuestro futuro. Si lo hacemos, nos quitamos nuestra habilidad personal de controlar nuestro destino a través de nuestras decisiones.

¿Qué sucedió en tu pasado que te está deteniendo de vivir la vida que quieres?

Mi primera tarjeta de crédito.

Cuando estaba en mi primer año en la universidad, me ofrecieron una tarjeta Visa con un límite de $1,000. A los 18, tenía poco dinero y sólo un empleo de medio tiempo. Parecía como una opción fácil de obtener algo de efectivo. En el momento, las decisiones como esa están enfocadas en el presente, no en el futuro.

Un viaje me hizo señas. Mi padre estaba viviendo en Brunei, en la isla de Borneo en el mar del sur de China y lo visité para navidad por un par de semanas. De camino de vuelta a casa, tuve una parada en Singapur.

Ahora, esto fue en los días antes de que las tarjetas de crédito tuviesen autorizaciones telefónicas, cuando se usaba la vieja máquina "click-clac" para imprimir los recibos. Copias en triplicado eran emitidas para el banco, el vendedor, y el cliente. La generación X y los Baby Boomers lo recuerdan.

Comencé el día con un nuevo reproductor de Cds. Era asombroso: un Discman Sony Xtra-Bass por sólo $599. (Esto es como $1,400 de hoy.)

Aún no usábamos computadoras en la universidad para nuestros proyectos, y teníamos que escribir a máquina, así que... ¿$300 por una máquina de escribir eléctrica? Buen trato.

Mi música favorita estaba a menos de $10 por cassette, así que compré como 15 de ellos. Y algunos Cds también –otros $100.

Si estás sumando todo esto, te estarás dando cuenta de que para este momento las cosas se estaban saliendo de control. Sin reglas y en medio de un paraíso para las compras, me sentía en el cielo. ¿Límite de $1,000? ¡Ha!

Luego encontré una cámara por unos $200.

Una parada más que hacer: Plaza Singapura –la tienda de Yamaha.

Miré un teclado DX-7 y supe que era algo que tenía que ser mío. (No hubo lógica que me detuviera.)

Estaba tocando de medio tiempo en bares de piano. El teclado costaba $1,200. No lo pensé dos veces.

No me quedó efectivo para el subterráneo de regreso a Orchard Road, así que caminé el kilómetro y medio de regreso al Holiday Inn de Scotts Road cargando todo en un calor de 32º Centígrados con 80% de humedad. Llegué a la habitación, bañado en sudor, justo a tiempo para empacar mi maleta y dirigirme al aeropuerto en el autobús.

Al llegar a Australia unas diez horas después, llevaba un poco más de mi límite libre de impuestos de $400. tuve que dejar el teclado en el aeropuerto por dos semanas para ganar dinero y pagar el impuesto de aduana para recuperar mi preciado teclado.

Ese día en Singapur, gasté más de $2,500 y me tomó seis meses pagar la deuda de la tarjeta de crédito. Me tomó tanto pagarlo, que tuve que vender mi otro piano eléctrico para evitar incurrir en pagos más altos.

¿Qué aprendí?

A los 18 no se tiene mucho auto-control.

Gastar sin reglas crea caos.

Las tarjetas de crédito te cuestan mucho después de que haces tus compras si no las pagas de inmediato.

Lección tras lección salió de esta única experiencia. Dolorosas en el momento, me han ayudado a tomar decisiones más sabias en términos financieros desde ese día.

Todas estas son historias personales. Las historias personales son grandiosas.

¿Pero qué hay de las otras personas en nuestra vida? ¿Cómo podemos contar historias sobre otras personas y obtener el mismo impacto?

Cada historia que tenemos en este formato, la podemos usar para enganchar a nuestra audiencia.

Todas las historias de cada persona serán diferentes; pueden tener diferentes desenlaces, un punto nuevo qué hacer, algo que han aprendido de una experiencia similar.

Después de contar nuestras historias, podemos pedir a nuestros amigos y familia que nos compartan las suyas. Con su permiso, podemos usar sus historias en nuestras presentaciones.

Pongámonos nuestro sombrero de reportero, grabadora de voz en mano, y preguntemos.

"Por favor, cuéntame sobre tu primer..."

- Tu primer amor.
- Tu primer trabajo.
- Tu primera relación.
- Tu primer negocio.

- Tu primera computadora.
- Tu primer teléfono.
- Tu primera ruptura.
- Tu primer reporte escolar que no salió bien.
- Tu primera "F"
- Tu primer invento fallido.
- Tu primera "pijamada."
- Tu primera pesadilla.
- Tu primera noche de bodas.
- Tu primera cita como adulto.
- Tu primer auto.
- Tr primera casa.
- Tu primer tarjeta de crédito.
- Tu primer vuelo en avión.
- Tu primera visita a la gran ciudad.
- Tu primer viaje largo.
- Tu primer gran rechazo.
- Tu primer café.
- Tu primer cigarrillo.
- Tu primera cerveza.
- Tu primer lección de ballet.
- Tu primer concierto de ópera.
- Tu primer libro.
- Tu primera reacción al océano.
- Tu primera reacción a la nieve.
- Tu primer experiencia con otro idioma.
- Tu primer fiesta de Año Nuevo.
- Tu primera Navidad.

¿Qué hay de otra información que podemos obtener de las personas? Bueno, sólo hace falta preguntar.

Cuéntame sobre quién, cuándo, por qué, cuál, qué:

- Cuando eras joven.
- Cuando eras adolescente.
- Cuando comenzaste la universidad.
- Cuando perdiste a tu hermano.
- Qué aprendiste de tu padre.
- Qué es lo último que recuerdas que te dijo tu abuela.
- Qué es lo que admiras de tu madre.
- Quién es tu tío favorito.
- Quién te inspiró en la escuela.
- Qué dirección tomaste después de la escuela.
- Qué ofertas de trabajo recibiste.
- Cómo lidias con el rechazo.
- Cómo te diste cuenta de que habías crecido.
- A dónde viajaste por primera ocasión.

Si le preguntamos a diez personas estas preguntas, deberíamos de tener bastantes historias para usar. Podríamos discutir la filosofía de una generación en particular, o podríamos resumir los pensamientos de los empleados en un negocio. Podríamos inclusive entrar en la mente de las personas sin techo viviendo en las calles.

Hacer preguntas es fascinante, si reunimos la información y luego la reportamos de manera útil.

¿Sobre quién podemos contar historias únicas e interesantes?

Nuestro padre. Nuestra madre.

Mi padre.

Tengo muchas historias de mi padre, de mis días de infancia. Él siempre estaba jugando deportes, construyendo cosas con electrónicos, y aprendiendo sobre computadoras.

¿Qué historias podría contar?

Aprender a jugar Squash en mi pijama después de terminar su partido a las 9pm.

Aprender a escribir a máquina con cinta y papel de colores.

Montar bicicletas alrededor de Canberra; aprender a andar rápido y frenar rápido.

Las historias de cuando yo era adolescente son diferentes. Vivíamos con nuestra madre como a unas seis horas de camino en auto de su casa y sólo lo veíamos tres o cuatro veces por año. Cada vez era el ambiente perfecto para tener aventuras y crear historias que atesoraba y repasaba en los meses entre cada visita.

Descubrir el mundo de las películas en VHS.

Jugar juegos en su computadora Commodore 64.

Navegar en el lago en Canberra.

Aprender windsurf.

Mi madre.

Mi madre y yo fuimos muy unidos, y debido a que yo era su hijo más grande, pasé la mayor parte del tiempo con ella. Cuando mi hermano y mi hermana llegaron, sin embargo, yo era la persona que naturalmente cuidaba de ellos. Orgulloso y confiado, atendía al teléfono, ayudaba con las comidas, y era un buen hijo mayor.

Mi madre me enseño a ser responsable con el dinero. Desde la edad de catorce, manejé mi pensión, y compraba mi propia ropa y golosinas.

Mi madre me animó a conseguir un empleo de medio tiempo. Esto tuvo sentido, por que el único dinero que podía tener, era el dinero que me ganaba.

Mi madre me animó para aplicar a una beca en la universidad. Y la obtuve.

Mi madre trabajó duro durante muchos años como madre soltera. Ella me respaldó y me crió a mí, a mi hermana y a mi hermano bebé.

Mi madre siempre estaba disponible para escuchar mientras navegaba en mis años de adolescencia.

Cada una de estas aperturas puede conducir a una historia de diez minutos, y las personas se pueden relacionar, por que todos tuvieron una mamá.

¿Qué tal si nos quedamos sin historias propias?

¿Deberíamos simplemente inventar historias? Es más difícil de lo que parece. Las historias verdaderas son fáciles de recordar. Son más interesantes, debido al factor de realidad. Recuerda, las historias más asombrosas e increíbles son de la vida real.

Tal vez deberíamos encontrar personas en nuestra vida y pedirles que nos compartan sus historias. Luego, narrarlas con su permiso.

Los libros más vendidos de todos los tiempos cuentan las mismas historias. A las audiencias les gusta escuchar "las viejas favoritas" algunas veces.

- Thomas Edison y el bombillo eléctrico.
- Leonardo DaVinci y sus inventos.
- Einstein y su teoría de la relatividad.
- Alexander Bell y el teléfono.
- Madame Curie y la terapia de radiación.

- La Madre Teresa cuidando a los pobres de Calcuta.
- La princesa Diana removiendo minas terrestres.

Podemos escuchar historias de famosos todos los días, historias que cualquiera puede buscar en internet y copiar. Esto es holgazanería y si queremos resaltar, debemos trabajar más duro que el conferencista promedio.

Las historias sobre otras personas están bien para que nosotros las escuchemos, pero aquí tienes una mejor y más efectiva manera de utilizarlas.

Hay tantas personas únicas con historias únicas, y podemos a menudo enlazar sus historias con el punto que queremos hacer en nuestra charla.

Muchas de las lecciones de la vida provienen de nuestras observaciones sobre otras personas.

¿Sobre quién más podemos narrar historias?

- Nuestros hermanos y hermanas y cómo nos sentimos sobre ellos.
- Nuestros profesores de escuela, incluyendo nuestro más y menos favorito.
- Nuestro entrenador de fútbol o compañeros de equipo.
- Nuestra instructora de ballet y su estricta disciplina.
- Nuestro maestro de piano y su amor por la música.
- Nuestras parejas en el baile de graduación.
- Nuestro primer jefe y lo que aprendimos de la experiencia.
- Nuestros compañeros de trabajo en nuestro primer empleo o cualquier otro.
- El matón de la escuela y cómo nos relacionamos con él.

- El chico debilucho sobre quien todos se descargaban.

- El padre de nuestra novia y cómo transcurrió la primera presentación.

- La madre de nuestro novio y cómo fue difícil alejarnos de ella.

- El vecino atemorizante de quien todos huían.

- El pastor o sacerdote de nuestra iglesia local.

- El profesor de la universidad que nos inspiró o nos durmió en clase.

- El ex de nuestra novia de quien nos enteramos más tarde.

- La ex de nuestro novio y por qué le agradamos tanto.

- El director de la escuela y las veces que fuimos a su oficina.

- El oficial de policía y el rol que tuvo en formarnos durante la adolescencia.

- El asistente de la tienda que veíamos a diario antes de subir al autobús.

- El guitarrista en el concierto que nos veía directo a los ojos.

- El conserje de la escuela y cómo lo hacíamos enojar.

- El vendedor por teléfono de anoche.

- La persona en la ventana del chat de la página de la cual no podemos escapar.

- La recepcionista en el aeropuerto con una actitud fabulosa.

- El conductor del autobús que nos permitió viajar sin pagar cuando nos quedamos sin cambio.

- El piloto que nos tranquilizó mientras había turbulencias.

- La sobrecargo que nos hizo sentir cómodos.

- Nuestro mejor amigo y su confianza sobre nosotros a través de la vida.
- Nuestro archienemigo y cómo resultó después de diez años.
- Nuestros abuelos y todos los aromas de su casa.

Todo lo que nos sucede es una historia que forma parte de nuestras vidas y podemos aplicar significado a cada historia cuando las recordamos y las narramos bien.

A todos a quienes conocemos tienen su propia historia. Cuando esa historia nos mueve o nos afecta, tenemos una nueva parte para compartir en nuestra presentación. Contar esa nueva historia le puede ayudar a todos en nuestra audiencia a entender el punto y sacar la charla adelante.

¿Con quién más podemos hablar para obtener nuevas historias cuando nos quedamos sin amigos y familia?

- Parientes.
- Conserjes.
- Cocineros.
- Entrenadores.
- Médicos.
- Nutriólogos.
- Jefes.
- Jubilados.
- Niños.
- Adolescentes.
- Personas con discapacidad.
- Capitanes de ferry.
- Pilotos.
- Dueños de cafeterías.
- Meseros.

- Enfermeras.
- Conductores de UBER.
- Recepcionistas de hoteles.
- Atletas olímpicos.
- Ciclistas del Tour de France.
- Chicos del reparto de diarios.

La fuente de nuevas historias está a nuestro alrededor. Hay posibilidades ilimitadas. No hay excusas cuando tenemos la manera de comenzar historias.

Ahora es momento de salir y hablar con alguien y preguntar si tiene historias que compartir con nosotros.

Secreto #5

Historias Emocionales

Toda buena historia es emocional.
Queremos contar una historia que las personas puedan recordar y compartir. La emoción es una poderosa herramienta que podemos usar para crear historias memorables.

Queremos estimular una reacción emocional de nuestra audiencia, lo que significa incluir información y experiencias que han sido emocionales para nosotros.

La mitad de la batalla es estar dispuesto a compartir. Nuestras experiencias con las emociones y sentimientos asociados con dichas historias son poderosos. Cuando mostramos la emoción, la audiencia nos la puede reflejar, o por lo menos pueden tener empatía y sentir lo que nosotros sentimos.

Debemos de recordar, cuando tenemos una historia emocional, requiere tener un punto, algo con lo que la audiencia se pueda conectar. La emoción no es suficiente para hacer una buena historia; incluso cuando la emoción es positiva, debemos de ligarla.

Las emociones crean una montaña rusa para la audiencia: los enganchamos, los llevamos a través de ella, y salimos del otro extremo.

Es por esto que la historia debe de ser bien planeada y bien contada luego para lograr el impacto emocional y conseguir el desenlace que buscamos.

¿Cuáles son algunas de las emociones o sus acciones asociadas que podemos incluir en nuestras historias?

- Alegría.
- Pasión.
- Felicidad.
- Éxito.
- Logro.
- Consecución.
- Reconocimiento.
- Coraje.
- Ironía.
- Amor.
- Amor no correspondido.
- Corazones rotos.
- Amores perdidos.
- Compasión.
- Vulnerabilidad.
- Tristeza.
- Ira.
- Miedo.

Cada una de estas puede proveer una reacción en nuestra audiencia. Pero para hacer que la audiencia sienta la misma emoción, al mismo tiempo, debemos de hilarlas juntas. ¿Cómo logramos esto?

En una película.

Las películas nos "mueven." Cuando escribimos y compartimos historias emocionales como películas, tienen poder.

¿Qué hay en una gran película?

Drama. Acción. Emoción.

Si podemos hacer que nuestras historias se lean como un guión de película, la audiencia las encontrará irresistibles.

¿Los mejores temas para que creemos historias? Acción y drama –con un elemento de fantasía. Las comedias no ganan muchos premios de la academia, pero las películas de acción y drama sí, atraen a los actores de renombre, y crean grandes ventas.

¿Éxito en la taquilla?

Star Wars Episodio VII – acción y drama, más de $2 millardos.
Lord of the Rings, la trilogía – acción y drama, más de $2.5 millardos.
The Avengers I y II – acción y drama, más de $3 millardos.
Harry Potter 7 y 8 – acción y drama, más de $2.5 millardos.

¿Qué tal en los shows de galardones?

The Pianist – drama en tiempos de guerra, 3 Oscares.
The English Patient - drama en tiempos de guerra, 9 Oscares.
The Last Emperor - drama ubicado en 1920, 9 Oscares.

Las historias que se convierten en películas que amamos venden muchas entradas y ganan galardones debido a que crean una respuesta emocional dentro de nosotros. Estas reacciones nos ayudan a conectar con nuestros sentimientos y hacer más interesante la vida.

Las películas tienen estrellas, tienen villanos y tienen tensión y resolución –hay una fórmula, una secuencia, un estilo. Las películas capturan a la audiencia y la llevan en un viaje emocional.

Cuando aprendemos o contamos historias en un estilo de película, la audiencia estará escuchando con sus oídos, ojos, corazones y mentes.

Toda película nos mueve. Solamente debemos elegir qué tipo de película vamos a mostrar, y qué emociones queremos activar.

Una nota rápida sobre el contexto.

Las películas que creamos necesitan encajar en nuestra charla y ser relevantes de una manera que hará que la audiencia se sienta cómoda.

Debemos encontrar una historia que ayude a pintar las imágenes del mensaje que queremos transmitir, así que puede que debamos desarrollar personajes, mostrar sus fallas e imperfecciones. Temas típicos incluyen encontrar el amor, perder algo de valor, o incluso muerte y resurrección.

Peligro.

El peligro, el riesgo, la aventura, y el drama, se conectan a la parte vicaria de un oyente. Mirando la película en su mente, desearían haber estado ahí para verla, y cuentan con nuestra capacidad de contar historias para pintar la imagen y hacerla lucir real.

No sólo estamos contando una historia. Estamos haciendo una película.

La emoción de este tipo de historia es la naturaleza de ser

algo en lo que se ven a sí mismos dentro. Mientras que ver una película es más seguro que estar en ella, el peligro y la emoción tienen a sus corazones latiendo rápidamente y sus ojos muy abiertos. Están absorbidos. Nada los distrae.

Las historias de peligros pueden involucrar accidentes, lesiones, o muerte. Involucran miedo, coraje, y acción. Todos quedamos asombrados por las historias peligrosas debido a que nos sacan de nuestra vida diaria y somos transportados a algo, algún lugar fantástico.

¿Cuáles son algunas historias llenas de peligro que capturan nuestra atención?

- Historias sobre escalar el Everest.
- Historias sobre peleas dramáticas y discusiones.
- Historias sobre desastres naturales.
- Historias sobre persecuciones y criminales.
- Historias sobre estafas internacionales y engaños.
- Historias sobre tráfico de droga.
- Historias sobre cruces de la frontera México-Estados Unidos.
- Historias sobre personas contrabandeando.
- Historias sobre la cacería de Osama Bin Laden.
- Historias sobre accidentes aéreos.
- Historias sobre incendios de hoteles.
- Historias sobre barcos que se hunden.
- Historias sobre descarrilamiento de trenes.
- Historias sobre la amenaza de guerra nuclear.

Las historias peligrosas también se ligan a temas como:

- Riesgo.
- Recompensa.

- Heroísmo.
- Miedo.
- Coraje.
- Valentía.
- Presión.
- Fijar ejemplos.
- Liderazgo.
- Sacrificio.
- Creatividad.

Siendo bastante abiertos y directos con el vínculo, podemos ligar estas historias. Las personas estarán en la historia, así que debemos aislar a nuestros personajes y explicar qué hemos aprendido de su comportamiento.

¿Alguien corrió dentro de un edificio en llamas para rescatar a un niño? Esa es una historia de coraje, abnegación y sacrificio. Tal vez también una historia de amor si la persona está rescatando a un familiar.

¿Qué hay de un desastre natural, como un volcán o una inundación que destruye una ciudad? Puede ser un mensaje sobre perder el pasado, y tener que crear un nuevo futuro; sobre pérdida, duelo, y las lecciones de un evento que está más allá de nuestro control. Dejar ir y comenzar de nuevo.

Aquí hay otro ejemplo:

Todos los días escuchamos historias sobre refugiados escapando un régimen de pobreza para encontrar un nuevo hogar en un nuevo país. Estas son las historias de desesperación, coraje, sacrificio, cultura, orgullo nacional, separación, amor y deseo.

Cuando contamos con verdaderas historias con estas emociones, podemos capturar la atención de la audiencia.

La fórmula.

Debemos poner estas historias dentro de un formato de película siguiendo un sistema o una estrategia probada.

Se requieren hacer conexiones emocionales con el material, o los oyentes dejaran de escucharnos. Dejarán de "ver" nuestra película. Y ahí es cuando la película termina. O, en nuestro caso, la charla termina.

En las películas, una serie de historias se desenvuelve como parte de la imagen completa, trama, o guión. Durante el camino hay diferentes sub-tramas que se entrelazan y se hacen paralelos con otras líneas de historias. Pero la película está diseñada para ser una historia que contemos sobre otras personas, para que podamos discutirlas, debatir con ellas, enamorarnos con ellas, inspirarnos. O entretenernos.

No hace falta reinventar la rueda. Todos los mapas hacen fácil para nosotros escribir nuestras propias historias y entregarlas a nuestra audiencia.

Las siguientes frases describen los tratos de un gran director de cine. Funcionan también aquí, describiendo a un gran narrador:

1. Tener completa confianza en sí mismo y fe en tu talento y capacidad.

2. Tener el coraje y tenacidad de mantenerte hasta el fin "sin importar qué."

3. Tener un enfoque incansable sobre lo que es posible en lugar de lo que no es posible.

4. Nunca dejar de buscar por tu voz única, estilo y expresión.

5. Mantenerse sincero a sí mismo: te guiará a las personas y a las decisiones correctas.

(Peter D. Marshall, de su fórmula de 7 pasos para directores de cine)

75

Una fórmula común en las historias que capturan la imaginación de la audiencia es "La Historia del Héroe." La mayoría de las personas reconoce esto en "*Star Wars.*" "*The Hunger Games*" "*The Princess Bride*" y otras películas de acción/aventura/drama.

"La Historia del Héroe" se refiere a un patrón universal encontrado en historias alrededor del mundo.

"Un héroe se aventura desde el mundo de la vida diaria hasta una maravilla sobrenatural. Fuerzas asombrosas e irreales se revelan. Hay batallas y retos, ambos en el corazón y en la mente. Pueden morir personas. Otros pueden enamorarse. Pero al final, la victoria está ganada. El héroe regresa de su aventura con sabiduría y entendimiento. Tienen una madurez renovada y son una persona transformada.

La misma fórmula divide la historia en una estructura de tres actos: la puesta en marcha, la confrontación, y la resolución.

PRIMER ACTO (puesta en marcha)
EJEMPLO: "Persona encuentra oportunidad de negocio."

1. ¿Cuál es la trama y el tema de la historia?
2. ¿Cuál es la "pregunta dramática" a resolver?
3. ¿Quién es el personaje principal y sus necesidades y metas?

SEGUNDO ACTO (confrontación)
EJEMPLO: "Experimentan rechazo y malos entendidos, mientras aprenden las habilidades para dominar este nuevo tipo de negocio."

1. ¿Cuál es la acción dramática "en ascenso"?
2. ¿Cuáles son los obstáculos que atraviesan el camino del personaje principal?
3. ¿Cómo el personaje principal supera cada obstáculo?

TERCER ACTO (resolución)
EJEMPLO: "Se logra el éxito financiero y emocional. Todos sus sueños se hacen realidad, se crean nuevas y poderosas amistades.

1. ¿Cómo termina la historia?
2. ¿Qué sucede con el personaje principal?
3. ¿Se responde la pregunta dramática?

¿Podemos hacer lo mismo con nuestras historias? ¿Podemos crear una película con esta fórmula de tres puntos para narrar historias?

¿Qué tal algunos ejemplos?

PRIMER ACTO:
El chico conoce a la chica.

SEGUNDO ACTO:
El chico trata de impresionar a la chica, pero es rechazado y tiene que pelear sobre otras opciones que ella tiene. Cambia prioridades alrededor de su calendario de trabajo, para encontrar una manera de atraerla. Quizá ella descubra su carisma interno y carácter.

TERCER ACTO:
El chico y la chica (o chico y chico, o chica y chica) viven felices por siempre.

O:

PRIMER ACTO:
El niño actúa en obra local y es admirado por sus habilidades de actuación. Desea ir a Hollywood.

SEGUNDO ACTO:
El niño asiste a varias audiciones. Recibe rechazos. Sigue aprendiendo. Espera un golpe de suerte. Casi muere en el intento. Quedó a cuatro clavos antes de posar en Venice Beach y ser descubierto por un productor de Hollywood.

TERCER ACTO:

Adolescente gana millones de dólares después de aparecer en melodrama/historia de amor/vampiresco en TV por siete temporadas.

Cuando narramos una historia no podemos romper esta fórmula probada, o la audiencia no responderá. Todos han sido condicionados a esperar la presentación, el reto o disputa, y la resolución.

En las historias de relaciones –la presentación. La reacción inicial positiva, luego el rechazo, y luego el trabajo para ser respetado. Al final, la aceptación total y "felices por siempre."

Aquí hay más información sobre cómo hacer películas y narrar historias.

Una fórmula de historias de Hollywood sigue las interacciones de tres personajes y aún así usa la estructura de tres actos.

El Protagonista –ésta es la persona sobre la cual habla la historia. Él o ella es la persona que quiere una meta. La meta debe ser algo concreto, definido y alcanzable. Más que "Quiero ser felíz" o "Quiero ser rico," es "Quiero que él se enamore conmigo para que seamos felices juntos," o "Quiero ganar el show de juegos en el que estaré, para poder ser rico." O tal vez "Quiero robar el casino del tipo que está saliendo con mi ex-novia, para poder ser felíz y rico."

El Antagonista –la persona que coloca obstáculos frente a la meta en el camino del protagonista. Esto no necesariamente significa "el tipo malo." Las metas del antagonista están en algún modo opuestas a las del protagonista y él o ella están bloqueando el camino del protagonista.

El Personaje de la Relación –la persona que acompaña al protagonista en su camino. Este es alguien que "ha estado, lo ha hecho" antes. Él o ella tiene la sabiduría de comunicar al protagonista, pero el protagonista no presta atención. El tema o la lección de la historia está expresada ya sea por o para este personaje. Irónicamente, en función de tener éxito, es lo que el protagonista necesita aprender. En muchos casos, esto es una conversación. Mirando la película, las personas le gritan al protagonista que comprenda. Al final de la historia, esta conversación o expresión del tema será revisada, y el protagonista y su personaje se reconciliarán uno con otro.

La historia termina cuando el protagonista ya sea que logre o abandone su meta, ya sea que derrote o sea derrotado por el antagonista, y finalmente se reconcilie con el personaje de la relación. Entre más cercanas estas cosas ocurran, mayor impacto emocional tendrá la historia, frecuentemente en los últimos cinco minutos de la película.

¿Qué hay de los tres actos?

Si los usamos en nuestra historia, tendremos marcadas todas las casillas de la fórmula de narrativa.

Primer Acto: comienzo de la historia. Introduce a los personajes y sus metas. Después de 10%-15%, el protagonista enfrenta una decisión del destino, una elección. Cómo la responde determina si hay o no historia.

Segundo Acto: un cuarto de la historia ya ha sido narrada. Los problemas comienzan a apilarse. Hasta el punto medio, la historia ha estado levantando preguntas. Desde aquí en adelante, comienza a responderlas.

Tercer Acto: tres cuartos o más de la historia ya han sido contados. El comienzo del tercer acto es el punto bajo, lo más lejos que el protagonista se puede separar de su meta. En el clímax, el protagonista confronta al antagonista, y se reconcilia con el personaje de la relación. Reclaman el éxito o el fracaso en alcanzar la meta. Luego tenemos el desenlace, en el que los cabos sueltos se rodean y la historia alcanza su conclusión.

Más ejemplos:

The Dark Knight, Spiderman, Titanic

The Dark Knight: Batman es el protagonista. Quiere retirarse y no ser necesitado en Ciudad Gótica, y al final, renuncia a su meta.

Spiderman: Spiderman es el protagonista. Él quiere salvar al mundo al tener una vida de propósito y ser más que el alterado, pequeño, debilucho y nerd Peter Parker.

Titanic: Jack es el protagonista. Su vida es una que cambiaría para siempre después de su encuentro fortuito con Rose y su deseo de tener una mejor vida. Su personaje de desvalido es muy querido.

En *The Dark Knight,* el Joker es el personaje de la relación. "No pretendas que te agradan. Tú no eres como ellos, incluso si quisieras. Eres un fenómeno. ¡Como yo!" La reconciliación ocurre cuando Batman responde la pregunta de Joker. "¿Sabes cómo obtuve estas cicatrices?" "No, pero sí se cómo obtuviste estas." Cuenta una broma y acepta su papel de Dark Knight.

En *Spiderman,* Mary Jane es el personaje de la relación. El amor de Peter Parker por ella sólo se ve complicado aún más por su primer beso con Spiderman, haciendo a su alter ego un semi-antagonista.

En *Titanic,* Rose es el personaje de la relación. Su vida se desgarra entre la primera clase y el entrepuente, entre un camino predeterminado y un amor recién encontrado. El hundimiento del bote desgarra a la audiencia en esta historia de amor perdido.

En *The Dark Knight,* Harvey Dent es el antagonista. Él le impide a Batman de sucumbir ante decisiones fáciles y generalmente fracasando al ser el caballero blanco. Ciudad Gótica lo necesita, y Batman quiere ser un héroe, pero no sucede. Luego se hace Two-Face.

En *Spiderman,* Joe Jonas, el editor del diario, es el antagonista. Él persigue encabezados de primera plana al hacer de Spiderman el villano, frustrando aún más el viaje del héroe.

En *Titanic,* el bien vestido prometido es el antagonista. No se detendrá ante nada para prevenir que Jack y Rose traigan a la vida su cuento de hadas. Es fácil detestarlo y hacer que Jack sea el héroe.

Billones de dólares en ventas de entradas nos dicen que esta fórmula funciona.

Sin drama y conflicto, no hay historia. Una historia donde todos se llevan bien aburriría a cualquiera. Esta es la razón para la "Regla del Drama."

¿Podemos contar una historia que sea lo suficientemente dramática? Aquí hay algunas ideas para este tipo de historia:

- Niños hambrientos.
- Accidentes aéreos.
- Divorcios.
- Rechazar la universidad.
- Embarazo juvenil.
- Alcoholismo.
- Crisis de mediana edad.

¿Y en la comedia?

Hay muchas maneras de ser divertido, pero cualquier historia que contemos debe de pasar la "ley de la diversión." Sólo debe ser divertido en el momento. Por que la sorpresa, el giro, el comportamiento inusual o las consecuencias de lo que sería una acción normal lo hace gracioso.

Debemos ser cuidadosos, por que lo que pensamos que es gracioso, puede no serlo. Debemos hacer pruebas.

Los comediantes prueban una broma o una rutina muchas veces antes de entregarla ante una audiencia pagada. La práctica lo hace lucir espontáneo y natural, pero los profesionales saben que cada risa tomó mucha práctica para aprender.

Inspírame.

Cuando Sir Edmund Hillary alcanzó la cima del monte Everest, lo estaba haciendo por la diversión.

"Yo pienso que escalo montañas debido a que recibo un gran entusiasmo al hacerlo. Nunca intento analizar estas cosas muy profundamente. Sino que pienso que todos los montañistas obtienen un gran nivel de satisfacción al superar cada reto. Si piensan que es demasiado difícil para ellos, o lo que tal vez sea un poco peligroso, entonces qué mejor."

Sus palabras, tanto como sus acciones, han inspirado a todos los que han aprendido de sus logros. Estoy seguro de que él tenía esperanza de inspirar personas a hacer cosas por el puro placer, no por la batalla, o conquistar o ganar.

Cuando alguien logra algo que se consideraba imposible, es inspiracional. Cuando vemos el éxito después de retos increíbles que requieren una enorme cantidad de preparación y dedicación, somos inspirados.

Si queremos que las personas tomen acción y cambien, una historia inspiracional funciona.

Los seres humanos han logrado tantas cosas imposibles: volar, conducir, caminar. Tienen la habilidad de inspirarnos a través de sus acciones. Saber las consecuencias cuando toman un riesgo y se retan a sí mismas personal y profesionalmente hace que los logros sean más impresionantes.

"Inspiración" en el diccionario, significa el proceso de ser mentalmente estimulado para hacer o sentir algo, en especial algo creativo.

Así que la inspiración significa que ahora queremos hacer algo. Un fuego se ha encendido dentro de nosotros y estamos conducidos por un propósito. Queremos actuarlo. Sentimos algo nuevo, y tenemos una meta justo enfrente.

Para todos, la meta es diferente. Pero las historias inspiracionales existen para dar esa motivante fuerza hacia el cambio.

¿Cuáles son algunas historias de inspiración?

- Mick Fanning pelea contra un tiburón en una competencia de surf. Unos meses más tarde, regresa para ganar la competencia. Desafía su experiencia cercana a la muerte y miedos y regresa para dominar el deporte que ama.

- Lieses Jones de Australia gana medalla de plata en los 100 metros en brazada de pecho en las Olimpiadas del 2008. Su decepción la enciende para entrenar cuatro años y regresar para ganar el oro por más de un cuerpo de ventaja. Y lo hace en el segundo tiempo más rápido (ella tenía el récord mundial).

- Nick Vujicic, después de haber nacido sin brazos ni piernas, ahora viaja por el mundo. Inspira a personas con discapacidad, o desventajas, o quienes carecen de la motivación para encontrar un propósito y significado en su vida. Cada día él demuestra que podemos superar lo que sea. Una vida sin límites.

En nuestra propia vida, tenemos varias historias que son inspiradoras. Sólo debemos escarbar por ellas y convertirlas en algo que podamos compartir con la audiencia.

No tenemos que escalar el Everest para ser inspiradores. No tenemos que encontrar la cura contra el cáncer.

Cuando queremos contar nuestras propias historias, debemos ser analíticos. Esto significa mirar los eventos en nuestra vida y elegir de los que hemos aprendido. Después, los analizamos y nos ponemos detrás de las cámaras para ver la otra historia. Aprendemos el trasfondo y lo incluimos. Obtenemos el momento clave de acción definitoria claramente en nuestras mentes. Luego delineamos la lección o el momento de inspiración y cómo se aplica a nosotros hoy, y cómo se aplica a nuestra audiencia.

Si queremos obtener ideas para historias de inspiración, podemos ir a las charlas online TED en Ted.com. Cada día alrededor del mundo, las personas suben a un escenario para compartir sus pensamientos más apasionados. Se ponen de pie por espacios predeterminados entre tres y dieciocho minutos y presentan sus creencias y valores. Comparten y explican sus inventos. Nos dan inspiración fresca para salir y vivir nuestras vidas.

Lo mejor que hizo TED fue proveer una plataforma para ideas simples que inspiran. Conceptos que pueden ser compartidos rápidamente. El escenario le permite a una persona que tiene una buena idea compartirla en dieciocho minutos o menos.

Por primera ocasión, tenemos el ambiente perfecto para escuchar a científicos e investigadores. Podemos aprender información asombrosa sin tener que asistir a la universidad o a una conferencia de ciencia.

Podemos obtener los pormenores de los secretos del éxito de los millonarios y billonarios. Podemos aprender sobre encontrar amor y superar obstáculos. Podemos inspirar personas con discapacidades y escuchar historias sobre encontrar su lugar en el mundo. Podemos descubrir los datos y cifras sobre nuestro mundo. Podemos aprender de personas que puede que nunca hayamos visto antes y sentir gratitud.

Todos podemos aprender de este formato. Podemos mirar

por lo menos dos o tres charlas TED por semana y aprender muchas lecciones.

Cada historia de inspiración ofrece un aprendizaje sobre el asombroso potencial humano.

¿Qué hay sobre logros físicos?

Desde escalar el Everest, a bucear sin tanque a 50 metros bajo el agua, desde montar en bicicleta cruzando Asia y hacer paracaidismo en el Gran Cañón, el cuerpo humano, cuando se estira a sus límites, puede lograr cosas asombrosas.

Atletas en silla de rueda en los maratones.

Amputados con prótesis de fibra de carbón corriendo sprints de 100 metros casi tan rápido como si tuvieran ambas piernas.

Personas ciegas compitiendo en triatlones.

Cada ocasión que escuchamos una historia que nos inspira, nos hace creer que un imposible es posible. Una historia de inspiración hace que algo increíble sea, creíble.

Y un líder que inspira fija el ejemplo para que todos lo sigan. Queremos citar líderes en nuestras historias y hacer un punto, por que el líder tiene respeto instantáneo y confianza en la audiencia. Ahora sólo tenemos que hacer el enlace entre la historia y nuestro mensaje.

¿Quienes son algunos líderes políticos inspiradores?

Martin Luther King
Margaret Thatcher
Ronald Reagan
Abraham Lincoln
Indira Gandhi
Nelson Mandela
Suing Yong Ki
John F. Kennedy

85

Cada uno de estos líderes tiene una historia que podemos contar y contar para ayudarnos a hacer nuestro punto.

¿Qué otra personalidad conocemos que sea inspiradora?

- Los Hermanos Wright – el aeroplano volando.
- Joseph Niépce – la primer fotografía con una cámara.
- Perry Spencer – el horno de microondas.
- Melitta Bentz – la cafetera de 1908.
- Steve Jobs – iPhone
- Cares Crosby – el brasier sin parte trasera.
- Bill Gates – el sistema operativo Windows para PC.
- Edwin Land – gafas con un efecto polarizado.
- Alexander Fleming – penicilina.
- Stephanie Kwolek – kevlar

Podemos contar sus historias. Sobre cómo trabajaron en resolver el problema. Cómo intentaron y fracasaron. Cómo tuvieron éxito. Cómo afectó a su familia. Cómo sus inventos cambiaron al mundo.

Cada invento tiene un diferente significado emocional, dependiendo de la audiencia. Esto es por qué la mayoría del tiempo usamos historias universales con las cuales todos se pueden relacionar.

Es por esto que historias como la de Galileo, Edison, Jobs, y otros son narradas tantas ocasiones.
Todos son parte del universo.
Todos usamos electricidad.
Y todos han usado o saben de la existencia del teléfono inteligente iPhone.

Pero el conferencista profesional investiga a su audiencia y elige las historias que serán importantes y relevantes.

Historias inspiradoras nos ayudan a estimular los valores y principios más importantes para las personas de la audiencia.

¿Quieres inspirar a alguien a escalar una montaña? Cuenta la historia de Sir Edmund Hillary. Sé el primero en hacer algo, y serás por siempre inmortalizado en la historia de lo que sea tu logro.

¿Queremos que la audiencia considere algo valeroso y retador? ¿Qué tal tener a una adolescente que navega alrededor del mundo? Jessica Watson, en su yate rosado Ella Bache, tiene una historia que contar sobre los peligros de hacerlo por tu cuenta. Y de navegar hasta el puerto de Sydney para ser recibida por cientos y cientos de jóvenes que acaban de encontrar que todo es posible.

¿Las historias de resistencia y desempeño y juego justo? ¿Qué tal sobre jugar partidos consecutivos de fútbol sin lesiones o suspensiones? Jim Stynes jugó 244 partidos consecutivos de fútbol Australian Rules antes de que se rompiera su mano y tuviera que tomar un descanso. Eso son más de once temporadas de fútbol, y es un récord que ha durado casi 20 años y puede durar por mucho más.

¿Quieres contar la historias de alguien que resalta en un deporte dominado?

Natación.

El nadador más condecorado de todos los tiempos, Michael Phelps, sujeta un total de veintidós medallas en tres Olimpiadas antes de Rio. También ostenta el récord de medallas de oro (18 –el doble del segundo mejor récord), en eventos individuales (11), y medallas de oro en eventos individuales para un hombre (13).

Y salió del retiro y calificó para las olimpíadas de Rio doce años después de su primera apariencia en Atenas 2004. ¿Qué más es posible para un rompedor de récords y el mejor nadador olímpico de todos los tiempos?

Ha demostrado que es un súperman, ganando más medallas de oro y calificando en cada final que compitió.

Carreras de autos.

Michael Schumacher es un piloto alemán de carreras retirado. Es el ganador de siete campeonatos de Fórmula 1 y es reconocido ampliamente como uno de los pilotos más grandiosos de todos los tiempos. Fue nombrado dos veces Laureus World Sportsman of the Year y ganó dos títulos con Benetton en 1994 y 1995 antes de mudarse a Ferraro, donde condujo durante once años. Su momento con Ferrari produjo cinco títulos consecutivos entre el 2000 y el 2004

Su dominio del deporte ha sido igualado sólo por el miedo y respeto que sus rivales le han rendido. Dejó el deporte inspirando a una nueva generación de conductores.

Volando un avión.

Amelia Earhart fue la primer mujer aviadora en volar sola cruzando el Océano atlántico. Por este récord, recibió la Cruz de Vuelo. Ella fijó muchos otros récords y escribió libros best-seller sobre sus experiencias de vuelo. Fue pieza clave en la formación de *Ninety-Nines*, una organización femenina de pilotos. En 1935, Earhart se unió al departamento de aviación de la facultad de Purdue. Y era una consejera para mujeres sobre profesiones. También ayudó a inspirar a otras con su amor por la aviación. También era miembro del National Woman's Party, y una partidaria temprana de los Derechos Humanos.

Si ella puede tomar un reto como volar cruzando el Atlántico y tener éxito, lo que sea es posible. Para una mujer o para un hombre. ¿Quién somos para decir que hay cosas que se pueden o no se pueden hacer?

Historias de inspiración desencadenan las emociones correctas para ayudar a que nuestra audiencia recuerde de qué se trata nuestro mensaje.

Secreto #6

Antes y Después.

Estas son historias de transformación personal y son interesantes para cualquiera, debido a que se colocan a sí mismos dentro de la historia del "antes." Cuando están "en" la historia, también quieren el "después." Esto hace que sea fácil dirigirlos para que sigan el consejo o las recomendaciones, y la historia y nuestras enseñanzas o entrenamiento se enlazarán juntos y tendrán sentido.

Las personas quieren cambiar, pero lo encuentran más fácil de hacer si alguien ya lo ha hecho. Por que se les ha dicho que cambiar es difícil, y que las personas lo detestan. Seguir el ejemplo de alguien más les demuestra que es posible.

La verdad es que las personas cambian cada día. Es más fácil si pueden hacer algo que alguien más ha hecho, sabiendo que es seguro y es bueno.

¿Cuáles son algunas historias de antes y después que podemos narrar de nuestra propia vida o de la vida de otros?

- Pérdida de peso.
- Aprendizaje de habilidades.
- Hacer dinero.
- Construcción de negocios.

- Tener un bebé.
- Criar a un adolescente.
- Viajar por el mundo.
- Aprender un idioma.
- Ser un empleado.
- Ser un jefe.
- Trabajar en el gobierno.
- Trabajar en organizaciones sin fines de lucro.
- Asistir a un seminario.
- Desarrollar una habilidad.
- Enseñar esa habilidad.

Cuando somos jóvenes, es difícil imaginar cómo será la vida en un futuro. Tenemos una experiencia particular, y vemos la vida a través de ellas. Tampoco tenemos una realidad más allá de nuestra experiencia actual, lo que significa que todo lo que nos ocurre es nuevo y sorpresivo.

Pero cuando actuamos deliberadamente en el curso de una meta o un nuevo descubrimiento, las cosas cambian. Podemos ver en dónde estamos y dónde queremos estar. Podemos ver lo que sabemos y lo que no sabemos. Podemos ver el nivel que hemos logrado y aspirar a algo más.

Veamos algunas historias de antes y después que podemos crear.

Perder peso.

"Antes, solía pesar 125kg. Después de seis semanas, ya bajé a 100kg y me faltan otros 25. Mi mente nunca había estado completamente comprometida hasta que recibí el consejo del "Doctor Delgadillo." Pero nada de ello habría sido posible sin el apoyo de mis amigos y la genial dieta en la que estoy."

"Antes, nunca había podido librarme de los últimos 2kg de grasa en mis muslos. Después de sólo noventa días usando el Ab-Blaster, tengo un six-pack. Mis piernas están delgadas y fuertes, y recibo cumplidos como cuando tenía 18 años en la universidad."

"Antes, tenía que detenerme en cada piso al subir escaleras para tomar un respiro. Estaba jadeando como locomotora a vapor. Los quince kilos extra que estaba cargando a todas partes eran como un costal de ladrillo que no podía soltar. Después de sólo seis semanas con un entrenador personal, perdí diez kilos y ahora puedo ver la luz al final del túnel. ¿Escaleras de diez pisos? ¡Muéstramelas!"

Niveles de energía.

"Antes de comenzar con este producto, necesitaba un Red Bull o un expreso a las tres de la tarde sólo para mantener los ojos abiertos. Pero después de modificar mi rutina de desayuno de cereal con leche a mi súper malteada, ¡tengo la energía para ir todo el día sin un solo café! Tengo más energía, ¡y estoy ahorrando dinero también!"

"El ejercicio que hacía como entrenador personal me agotaba más de lo que me cargaba de energía. Antes, pasaba veinte sesiones en entrenamientos y no podía esperar a que llegara el viernes para poder dormir desde temprano. Después de modificar mi dieta de acuerdo a la "Dieta xyz," fui capaz de desempeñarme en las sesiones de entrenamiento y mejorar mis tiempos al correr 10km."

"Siempre había querido bajar la cantidad de café que bebía. Dos tazas en la mañana, y tres lattes más durante el día. Antes del "Súper-Café," estaba gastando más de trece dólares por día. Tenía problemas digestivos y ya no sentía el golpe de la cafeína. Después de mi primer mes bebiendo "Súper-Café," tengo más energía, necesito menos café, ¡y mis alimentos me saben cada vez mejor!"

Cuidados del cutis.

"Antes, solía mirarme en el espejo y veía las líneas de la edad como mi abuela. ¡Y apenas tengo treinta y uno! Después de sólo siete días usando este producto, estoy viendo las líneas desaparecer, y mi piel se siente más suave y radiante."

"Antes, veía las manchas por el sol en mi piel y me preguntaba si alguna vez desaparecerían, o se harían peores. Después de veintiún días de usar este producto, las manchas se han ido, y mi rostro ya no luce como un dálmata. Ahora me veo mejor y luzco de mi edad."

Crianza y relaciones

"Antes, cuando estaba criando a mi adolescente, había llegado al borde de mi inteligencia. Después de leer este asombroso libro "Súper-Papás," me siento en control de nuevo. Tengo estrategias para ser un padre exitoso y disfrutar con mi adolescente por primera vez. Ahora, tenemos una relación más cercana que antes."

"Antes, mis hijos me trataban como a una desconocida. Después de este retiro de fin de semana, siento que puedo hacerlos mis amigos de nuevo."

"Antes, pensaba que tenía que ser fuerte en nuestro matrimonio y nunca admitir ningún miedo o debilidad. Después de escuchar que mi esposo me dijo la fe que me tenía, me sentí segura de compartir con él para que ambos podamos fortalecernos."

"Antes de que el bebé naciera, tenía miedo de que sería un mal padre. Después de los primeros tres meses, me di cuenta de que lo llevo en la sangre. Amo a mi bebé más que a nada, y sé que haré mi mejor trabajo."

Éxito de negocios.

"Antes de leer este libro, pensaba que era un fracasado y nunca haría que las cosas funcionaran bien. Después de aprender que la mayoría de las personas tienen algunos fracasos de negocio antes de su gran éxito, me muevo adelante más rápido en la dirección de mis sueños empresariales."

"Antes, solía tener doscientos productos y trabajaba en mi negocio doce horas por día sólo para mantener las existencias y sacar pedidos a tiempo. Después de que simplificamos nuestra línea de productos a tres artículos básicos con cuatro variaciones, las ventas despegaron, las ganancias se multiplicaron, y el espíritu de la compañía se elevó a las nubes."

"Antes, pensaba que tenía que hacerlo todo yo. Después de contratar mi primer asistente virtual, conseguí otro y otro. Ahora mi negocio es diez veces más grande y mis costos operativos son menores de lo que eran cuando rentaba una oficina en los suburbios."

"Antes, no podía escribir más de diez palabras por minuto. Solía mirar las teclas y usar sólo dos o tres dedos. Y tenía que seguir mirando la pantalla. Después de tomar el curso "Escritura Rápida" en línea, he aumentado mi velocidad a veinte palabras por minuto. Ahora, nunca miro mis dedos y finalmente puedo comenzar a escribir el libro que siempre soñé que escribiría."

Viajes.

"Antes de salir de casa, mi aventura más grande había sido el Melbourne Show anual. Después de volar a Cambodia, he visto el Siem Reap y la asombrosa historia de una ciudad en ruinas que fue una vez el centro del mundo asiático."

"Antes de ir al Reino Unido, pensaba que todo era lo

mismo en Inglaterra. Después de visitar Londres, Edimburgo, y Dublín, siento que conozco las raíces de nuestra cultura con las personas de Irlanda, Escocia e Inglaterra y sus diferencias únicas."

"Antes de ir aTurquía, sólo había comido un kebab en mi ciudad natal. Después de que comí en Taksim Square, tuve el sentimiento de comer auténtica comida turca en el centro de Estambul, y fue la verdadera experiencia."

El viaje de la transformación.

El camino hacia el éxito nunca es uno recto.

Hay muchas experiencias de aprendizaje durante el camino para construir un negocio exitoso. No importa si es una franquicia, un salón de belleza, una red de mercadeo, o una organización caritativa. El camino hacia el éxito tiene muchas desviaciones.

Si escribimos una historia sobre cambio o transformación, debe contener los elementos de la historia del héroe. Sólo compartir sobre "ser exitoso" no es atractivo de escuchar.

Encabezados para este tipo de historia podrían ser:

- "Secretos de los multimillonarios: El camino que siguió una mujer de los suburbios de Sydney para comprar una mansión en la bahía."
- "Construyendo un imperio: La historia de la pobreza a la riqueza de un innovador privado de la educación en Miami."
- "Súperestrella de Silicon Valley: La transición de Oakland a Pacific Heights de un ícono multimedia y cómo todo comenzó."

Las personas quieren saber sobre cómo ellas también pueden llegar a la cima.

Cuando las personas tienen hambre de secretos de éxito, les encanta escuchar las historias de otras personas para copiar o modelar su propio trayecto.

¿Algunos encabezados más?

- "Cómo perdí un millón de dólares y gané dos millones seis meses después."
- "Mis desastres en las relaciones y cómo creé a mi pareja ideal."
- "Divorciada y quebrada un año, felizmente casada y millonaria al año siguiente."
- "Cómo ignorar un principio básico de administración afectó mi ingreso de doscientos mil dólares."
- "Por qué las contrataciones de personal son importantes; desastres de RH del cofre de la experiencia."
- "Hacer dinero es fácil; mantenerlo es difícil. Lo que perdí por no aprender contabilidad en los primeros cinco años de mi negocio."
- "Siete errores de ventas que las personas cometen todos los días, y por qué te están costando decenas de miles de dólares en tu negocio."
- "Dónde encontrar tu próximo éxito después de tu actual fracaso."
- "El camino hacia el éxito incluye hacer estas tres actividades de administración de tu dinero."

¿Qué historias del fracaso al éxito podemos crear sobre nuestra propia vida?

- Para los exámenes finales de preparatoria, sacrificamos las fiestas; estudiamos duro y obtuvimos buenas calificaciones.

- No ingresamos a nuestra universidad o carrera elegida, pero terminamos consiguiendo algo aún mejor.

- Tuvimos rompimientos trágicos y nuestro corazón quedó en pedazos, hasta que encontramos a nuestro verdadero amor.

- Queríamos ser padres geniales y no cometer los mismos errores que observamos mientras crecíamos. Cómo corregimos éstos con nuestros propios hijos para sentir satisfacción en ese papel.

- Perdimos el empleo, pero nos quedamos con la chica.

- Tener pánico escénico, luego convertirnos en conferencista motivacional frente a miles de personas.

- Ansiedad al presentar un examen de música, que cambia a satisfacción después de recibir una ovación de pie de parte del jurado.

- Ser despedido de un trabajo, luego recibir una oportunidad en el extranjero donde la paga es el doble.

- No ser elegida en la audición de actuación, pero obtener el trabajo de bailarina.

- Tener un rechazo de una casa editorial para un guión, luego publicarlo por cuenta propia y ganar millones.

- Ser rechazado del equipo de fútbol, luego ser un entrenador grandioso.

- Ser despedido de una clase de actuación, luego asistir a cien audiciones y aparecer en un éxito de Hollywood dos años más tarde.

- No hacer tareas, dar de baja la escuela, y luego ganar millones en un negocio que creamos.

Ésas son sólo el comienzo.

¿Qué más nos ha ocurrido en nuestras vidas que podríamos calificar como "fracasar" o un "desastre."?

- Nuestra primera gran ruptura en relaciones que nos enseñó lecciones que pusimos en un libro que se convirtió en un éxito de ventas.

- Tirar dinero en nuestro trabajo, sólo para ser nombrado Gerente Financiero y hacer que el negocio fuese más eficiente que nunca.

- Hacer una reservación de hotel o un vuelo el día equivocado, sólo para recibir un ascenso de categoría al llegar al lugar.

- Gritarle a un compañero de trabajo, luego convertirnos en entrenador de igualdad, tolerancia y anti-discriminación.

- Atacar a alguien físicamente, luego pasar tiempo en la cárcel, sólo para salir e inspirar a otros a una vida de tolerancia y tranquilidad.

- Sufrir una fractura al comenzar el último año de escuela, luego sanar y ganar los 100 metros planos en la competencia estatal.

Las posibilidades de historias de dolor, sufrimiento, pérdida, y justicia seguidas por la redención, son interminables.

Redención.

Tal vez tenemos una historia que habla sobre pérdida.

Cómo perdimos nuestro trabajo por no poder llevarnos bien con nuestros compañeros, y en un ataque de rabia, golpeamos a uno de ellos en la nariz. Fuimos acusados ante la policía y pasamos un día en la corte frente a un juez, donde tuvimos que arrepentirnos, mostrar humildad y disculparnos.

Y a pesar de todo eso, aún recibimos una multa, una sentencia suspendida, y tuvimos que hacer una disculpa verbal frente a desconocidos, los medios y la víctima. Además, de perder nuestro trabajo.

La historia no puede parar ahí por que la audiencia está insatisfecha.

¿Dónde está la redención?

Esto debe ser la segunda parte de la historia, ya que la audiencia estará esperando por ella. Tenemos que resolver su necesidad de resolución y tener un resquicio de esperanza en la nube de humo.

Después de la decisión de la corte, ¿qué sucedió?

- ¿Hicimos servicio comunitario y desarrollamos una pasión por limpiar el vecindario?
- ¿Comenzamos un negocio basado en casa para pagar la multa?
- ¿Tuvimos que viajar para dar charlas en escuelas sobre violencia laboral, y ahí descubrimos que nos fascina hablar en público?
- ¿Estábamos tan motivados por salir de prisión que tomamos clases de manejo de la ira?
- ¿Tal vez tuvimos un momento de iluminación y comenzamos el camino de educación en las prisiones para apoyar a las personas con problemas de temperamento?
- quizá escribimos un libro sobre maneras de manejar nuestra ira.
- le enseñamos a otros cómo canalizar nuestra energía hacia otras áreas más productivas como deporte, artes, o nuestro trabajo.

Debemos mostrar la esperanza dentro de nuestra historia. Tiene que haber algo positivo para que las personas digan: "Inclusive cuando algo malo sucede, algo bueno puede salir de ello."

Si hacemos esto, las personas se inclinarán hacia adelante y querrán escuchar nuestra historia, y la que sigue.

Secreto #7

Historias de Ventas.

Las personas me dicen que ésta es la mejor parte.
De pie bajo los reflectores frente a más de dos mil personas, debía de hacer una buena primera impresión. Así que dije la palabra más poderosa que puedes usar frente a una persona, después de su nombre:

"Gracias."
"Gracias por la introducción. Gracias por invitarme a esta convención. Gracias por asistir a mis entrenamientos y talleres en los últimos doce meses. De hecho, su compañía hace más de treinta por ciento de todas las inscripciones de nuestros eventos.

Gracias por asistir a mis seminarios sobre liderazgo personal. Para quienes no lo han visto, las personas me dicen que la mejor parte del taller es mi estrategia para fijar metas. Se denomina 'El Cambio de 300%' y es el concepto más poderoso sobre lograr metas que he compartido.

Así que decidí grabarlo. Dura unos veinte minutos, por sólo diez dólares, y solamente traje conmigo 1,000 copias hoy. Seguramente se irán en un parpadeo.

Tengo algunos otros artículos que se ofrecen en el stand de ventas, así que pasen a dar un vistazo.

Gracias de nuevo por invitarme, y disfruten el café y té durante el descanso."

Bajé del escenario, llegué al stand de ventas –doce metros de mesas tapizadas con productos de aprendizaje– y la fila ya tenía ocho personas, las mesas se estaban rodeando, arrojaban su dinero para no quedarse sin sus productos. Vendimos todos los 1,000 Cds en quince minutos, ¿la mejor parte? Ese día vendimos más de $67,000 en productos, nuestro mejor día en el negocio.

Ahora, ésta es una historia real. Una historia que he narrado miles de ocasiones para mostrar el poder de usar la palabra "gracias" en una presentación o conferencia. Me ha ayudado a demostrarle a las personas que necesitamos contar historias en nuestra presentación para ayudarnos a vender más.

También es una prueba de que las personas compran lo que tenemos para ofrecer.

Y una evidencia de que las personas actúan cuando decimos algo que hemos preparado bien.

Pero las personas no tienen que creerme. Si no me han visto antes, entonces soy un desconocido. Pero sólo hace falta que escuchen la historia, y ella hace todo el convencimiento por mí.

Cuando vendemos algo, estamos buscando un intercambio de valor. Queremos dinero por el producto o servicio que estamos ofreciendo. Y la mejor manera de vender algo es contar historias sobre otras personas que han sido beneficiadas por lo que estamos ofreciendo.

El poder de una historia aquí es bastante fuerte, no hay otra técnica que se le aproxime. Podemos hablar todo el día sobre nuestro producto, pero las personas no nos creerían. Creen en la realidad de nuestros clientes.

Testimoniales.
Patrocinios.

Recomendaciones.

Todas estas le dan a nuestros prospectos más razones para comprar lo que ofrecemos.

Si esto es verdad, entonces deberíamos cortar nuestra presentación. Cambiarla de hablar tanto sobre los datos y cifras de nuestros productos a contar más historias de personas disfrutando el producto. Hacer que compartan lo que más les ha gustado. Mostrar videos de cómo se benefician del producto. Opiniones por escrito y referencias que agregan peso y legitimidad a nuestros argumentos y nuestras historias.

Qué hacer primero.

Debemos de conseguir las historias de nuestros clientes.

Puede ser tan simple como pedir su retroalimentación, luego compartirla con nuestros clientes potenciales. Puede ser una opinión en nuestro sitio web o nuestra página de Facebook, que podemos reproducir, imprimir, compartir y/o incluir en nuestro material de mercadeo y promoción. Cuando las personas están expresando emociones positivas, están dando sus mejores opiniones.

¿Cómo obtenemos la retroalimentación?

- Colocando una encuesta en nuestro sitio web.
- Enviando un correo electrónico solicitando una opinión.
- Hablando con clientes inmediatamente después de una venta.
- Haciendo un video cuando alguien ha usado nuestro producto durante una semana o un mes.
- Consiguiendo una aprobación por escrito u opinión de un libro cuando las personas han recibido una copia

por adelantado.

- Colocando un formato de retroalimentación en nuestro local para opiniones instantáneas.

- Copiando a los hoteles que usan un formato en la mesa de noche para preguntar "¿Cómo lo hicimos?" Haciendo que dar una opinión sea fácil.

- Hacer un seguimiento con una llamada o un mensaje pocos días después de una venta.

- Construir la expectativa de retroalimentación al solicitarla temprano en el proceso de venta.

- Obtener referidos hacia otras amistades cada vez que hacemos una venta. Y en esa referencia preguntar qué parte del producto o servicio piensan que sus amigos estarán más interesados.

En el evento Mastermind, que organiza Art Jonak, los asistentes son entrevistados en cámara después de las conferencias. El nivel de energía es alto, y las personas que dan su opinión son naturales y positivas sobre la experiencia.

En los fines de semana UPW de Anthony Robbins, las personas caminan sobre brasas y luego publican sobre ello en línea por días y semanas después. Esto es la mejor publicidad. Cuando un cliente tiene una experiencia de transformación y quiere compartirla de manera espontánea.

Cuando tenemos a alguien en nuestra tienda, podemos animarlos a tomarse fotografías con el producto que compraron. Pueden posar con el personal y las fotos en el establecimiento proveen marketing gratuito, posiblemente será visto por cientos o miles de clientes potenciales. Esto puede hacerse con sólo el tiempo que toma ayudarle a las personas a hacer algo que harían de todas maneras.

La estrategia es importante al construir una buena referencia y un programa de recomendación y lealtad. Sólo dar algo pequeño como un adicional le ayuda a los clientes a sentirse bien al ayudarnos.

Si tenemos una tienda de menudeo, las fotografías y videos en internet serán una gran publicidad para nosotros y el cliente más felíz es el que acaba de comprar. Este es el momento de sacar su foto y una referencia.

¿No tienes un establecimiento? ¿Quizá ofrecemos algo más, algún servicio diferente?

¿Qué historias compartirán nuestros clientes?

- Cómo consiguieron un producto que les ayudó a perder peso.

- Cómo luce más joven su cutis después de utilizar la crema mágica.

- Cómo ven la oportunidad de ganar un ingreso adicional.

- A dónde pueden viajar ahora gracias al ingreso extra que reciben de sus propias ventas.

- Cómo fueron inspirados por un discurso.

- Cómo ahorraron dinero.

- Cuáles son sus metas.

- Cuáles de sus metas se han alcanzado después de trabajar con nosotros.

- Cómo al recibir nuestra guía para el éxito su vida ha cambiado.

- A dónde irán cuando se jubilen 5 años antes.

- Quién sienten que ha hecho un impacto en sus vidas.

- Los libros que han leído y los han inspirado.

- Las relaciones que han creado en su vida personal y profesional.

Las historias le ayudan a las personas a vender, sin la presión.

Las historias aportan ejemplos reales de lo que otros clientes han experimentado.

Las historias usan el poder de las terceras personas.

Una tercera persona es alguien externo a nuestro personal de venta y nuestro cliente. Alguien que es objetivo. Una tercera persona tiene poder debido a su anonimato y no tienen objetivos cuando le hablan a un prospecto o a la audiencia sobre lo que han vivido.

No existe mejor herramienta de mercadeo. Podemos usar una tercera persona frente a nuestra audiencia. Si están presentes en el momento, se pueden poner de pie y narrar su historia.

¿Cómo podemos usar esto?

Si la tercera persona tiene resultados grandiosos al ganar dinero con un negocio, entonces pueden usar la historia del antes y el después.

Primero comparten cuanto dinero tenían cuando iniciaron.

Luego narran cómo se sintieron o qué tan duro trabajaron.

Finalmente, cómo se sienten ahora sobre el éxito financiero que han ganado.

¿Si perdieron peso usando una dieta o un método de salud?

Pueden hablar sobre el peso que solían tener, usando sus brazos para mostrar "qué tan grandes" estaban o mostrar un pantalón viejo, o fotografías en la pantalla. Cuando lo comparten, el estado emocional en el momento es poderoso.

Podemos contar sus historias en formato de testimoniales y referencias, por escrito y desde el escenario. A partir de ese momento y en adelante.

Podríamos leer una historia de éxito en una tarjeta o en un

sitio web.

Podríamos leer un correo que recibimos.

Podríamos colocar una cita en desplegados o en diapositivas.

Podríamos usar los testimoniales como apertura de nuestras historias.

Podríamos pedir prestado su resultado exitoso hasta que construyamos el nuestro.

Podríamos edificarlos y mencionar el gran trabajo que han realizado.

Sólo debemos memorizar y compartir estas historias con la energía y pasión que merecen. Después de todo, a menudo estas son las historias de una vida transformada. Y vale la pena tener una pasión por ello.

Conclusión

Historias Secretas - "Curiosidad irresistible"
Historias Divertidas - "Narrarlas con humor y hacerlas memorables"
Historias del Pasado y el Presente - "Cuando era joven"
Tú y yo - "Historias personales y de otros"
Historias Emocionales - "Crear una respuesta emocional"
Antes y Después - "Transformación"
Historias de Ventas - "Testimonios, referidos, opiniones y el poder de la tercera persona"

Estos siete tipos de historias nos darán diferentes direcciones en las cuales podemos llevar nuestras charlas. Cuando queremos reacciones particulares o vínculos, podemos usar las historias adecuadas.

Las historias pueden ser breves, casi como citas –una o dos frases, un párrafo. Algunas historias pueden ser largas y narrar lecciones de vida, durar por cinco o diez minutos.

Podemos hacer esto en una llamada de conferencia, en una presentación de ventas, o durante un entrenamiento. Podemos usar historias en línea y en vivo. Podemos usarlas al comienzo, en la mitad, y al final de nuestras presentaciones. Todo lo que debemos de hacer es llenar nuestra charla con historias interesantes para capturar la atención de nuestros escuchas.

Nunca dejes de contar historias. Las historias son la descripción de nuestras vidas

¡Mucho éxito narrando historias!

Más Secretos

Hay algunos recursos gratuitos de los que puedes sacar ventaja para obtener más confianza mientras hablas en público.

Asegúrate de suscribirte a Public Speaking Tips en el sitio web del autor, www.MarkDavis.com.au

Saca ventaja de los demás libros de Mark sobre Hablar en Público en, www.amazon.com/author/MarkDavisAustralia

Únete al grupo Public Speaking Mastermind en Facebook, www.facebook.com/groups/PublicSpeakingMastermind

Mark también está disponible para hablar en conferencias y convenciones, también en webinars, llamadas y asesoría en privado.

Para cualquier información, por favor escribe a mark@MarkDavis.com.au o ponte en contacto con él a través del +61-404-178-126